Ullstein

ÜBER DAS BUCH:

»Satiriker sind Optimisten mit Lebenserfahrung«, sagt Gabriel Laub und weist damit die Richtung, in die seine treffsicheren, aber nie tödlichen verbalen Pfeile zielen. Ein Kaleidoskop aus Betrachtungen, Reflexionen und turbulenten Szenen öffnet sich dem Leser und bringt ihn zum Schmunzeln, Lachen, aber auch zum Nachdenken. Es zeigt eindrucksvoll (und sehr vergnüglich!), daß man selbst die schwierigsten Themen mit Humor betrachten und den belanglosesten Dingen des Lebens überraschende Einsichten abgewinnen kann. Ein Satiriker muß die Menschen lieben, meint Gabriel Laub, sein Feind ist die Dummheit. In den Texten dieses Bandes, den schönsten der unzähligen hintergründigen und amüsanten Geschichten aus den letzten 25 Jahren, entfaltet der Autor aufs unterhaltsamste seine satirische Philosophie und Meisterschaft.

DER AUTOR:

Gabriel Laub wurde 1928 in Bochnia/Polen als Sohn eines jüdischen Kaufmanns geboren. 1939 flüchtete er mit seinen Eltern vor den Deutschen in die Sowjetunion; 16 Monate verbrachte die Familie in der Verbannung im Ural. 1946 Abitur in Krakau. Im selben Jahr übersiedelte er in die Tschechoslowakei, wo er bis zum russischen Einmarsch in die ČSSR lebte und schrieb. Seit 1968 wohnt er in Hamburg und schreibt seit 1969 in deutscher Sprache. Gabriel Laub ist einer der bekanntesten Satiriker Deutschlands. Die erfolgreichsten seiner zahlreichen Bücher sind: *Der Aufstand der Dicken, Denken verdirbt den Charakter, Entdeckungen in der Badewanne, Gespräche mit dem Vogel, Die Kunst des Sonnenbrands, Urlaub muß sein.*

Gabriel Laub

Unordnung ist das ganze Leben

Satiren

Mit 16 Zeichnungen
von Marian Kamensky

Ullstein

ein Ullstein Buch
Nr. 23239
im Verlag Ullstein GmbH,
Frankfurt/M – Berlin

Die ungekürzte Taschenbuchausgabe des bei Langen Müller erschienenen Satirenbandes *Unordnung ist das ganze Leben* erfolgt in zwei Bänden:
Unordnung ist das ganze Leben (23239)
Schafft die Arbeit ab! (23370)

Umschlagentwurf:
Theodor Bayer-Eynck
Illustration:
Silvia Christoph

Printed in Germany 1994
Druck und Verarbeitung:
Ebner Ulm
ISBN 3 548 23239 6

März 1994
Gedruckt auf alterungsbeständigem Papier mit chlorfrei gebleichtem Zellstoff

Die Deutsche Bibliothek –
CIP-Einheitsaufnahme

Laub, Gabriel:
Unordnung ist das ganze Leben: Satiren / Gabriel Laub. Mit 16 Zeichn. von Marian Kamensky. – Ungekürzte Taschenbuchausg., Bd. 1 – Frankfurt/M; Berlin: Ullstein, 1994
(Ullstein-Buch; Nr. 23239)
ISBN 3-548-23239-6
NE: GT

Inhalt

Unordnung ist auch eine Ordnung

Ordnung ist, wie bekannt, das halbe Leben. Die Unordnung ist somit die zweite Hälfte des Lebens. Da es unmöglich ist, Ordnung und Unordnung, also das ganze Leben, zugleich zu haben, muß man sich wohl für eine der Hälften entscheiden.
Ordentliche Menschen haben es leicht – sie müssen nicht lange überlegen, sie werden selbstverständlich die Ordnung wählen, dies liegt in der Ordnung der Dinge. Wir, die wir von der Natur oder von der Erziehung aus nicht unbedingt ordentlich sind, müssen uns genau überlegen, was für uns günstiger wäre. Man muß sich für das entscheiden, was einem weniger Arbeit macht. Die Meinung, daß Ordnung Zeit und Arbeit spart, ist sehr verbreitet, aber nur halb wahr. Natürlich spart Ordnung in der Wohnung oder am Arbeitsplatz Zeit und Mühe – wenn alles auf seinem Platz ist, muß man nicht lange suchen. Dies gilt aber nur dann, wenn die Ordnung schon da ist – wenn man also jene Arbeitsstunden nicht mitrechnet, die in die Herstellung der Ordnung investiert worden sind. Hausfrauen und -männer wissen, was es heißt, eine Wohnung in Ordnung zu halten. Den Frauen gilt es sogar als Sklavenarbeit und Instrument der Unterdrückung. Wenn Männer Haushalt machen, gilt es als ausgleichende Gerechtigkeit. Man kann

sich also aussuchen, ob man die Arbeit vorher macht, indem man für Ordnung sorgt, oder später, indem man sich mit den durch Unordnung geschaffenen Hindernissen herumschlägt.
Ich habe mich irgendwann, schon sehr früh, für die zweite Alternative entschlossen. Vielleicht, weil ich Optimist bin und immer hoffe, daß sich nicht getane Arbeit von allein erledigt. Diese meine Hoffnung geht jedoch nur selten in Erfüllung, ich bin ja keine Behörde.
Ich arbeite mit Papier, und Stöße von bedrucktem, beschriebenem und bekritzeltem Papier häufen sich auf meinem Schreibtisch und in seiner Umgebung. Ich muß aber nicht immer alle Halden durchwühlen, wenn ich ein bestimmtes Stück brauche – manchmal hat man

Glück und findet es auf Anhieb. Den Ordentlichen sind solche glücklichen Zufälle und die mit ihnen verbundenen Erfolgserlebnisse unbekannt, denn in einer Ordnung dürfen Zufall und Glück keine Rolle spielen. Außerdem weiß ich in etwa – oder glaube es zu wissen –, was in welchem Stoß oder Haufen liegen könnte.
Am längsten dauert die Suche, wenn ich einen Brief,

eine Rechnung oder ein Manuskript da abgelegt oder dort abgeheftet habe, wo es hingehört – erst ganz am Ende fällt mir ein, es dort zu suchen. Das ist auch logisch – ein solcher Fall von Ordentlichkeit ist ja eine Unordnung in der Unordnung.

Unordnung ist doch, dialektisch – und auch praktisch – gesehen, eine Art von Ordnung.

Es ist ja nicht so, daß ein unordentlicher Mensch seine Schuhe in den Kühlschrank steckt und die eben gekaufte Butter in den Wäschetrockner. Er kann aber Teller statt in den dafür bestimmten Schrank auf die Fensterbank neben dem Eßtisch stapeln, was zwar unordentlich, aber sehr bequem ist.

Einem Unordentlichen würde auch nie einfallen, sein Bett alle paar Tage auf einen anderen Platz zu stellen oder die Sitzgarnitur von einer Wand an die andere, dann in die Mitte des Zimmers und wieder zurückzuschieben. Wenn er sich so viel Mühe machen wollte, könnte er gleich Ordnung machen! Das Möbelverrükken ist ein Wahnhobby der Superordentlichen, die immer nach idealer Ordnung streben.

Ordnung ist freilich ein absolutes Ding. Wenn sie nicht perfekt ist, ist sie schlimmer als Unordnung: Sie hält dann nicht, was sie verspricht, und kann einen Menschen, der sich auf sie verläßt, in den Wahnsinn treiben – wenn in seiner Ordnung etwas nicht stimmt, bricht seine Welt zusammen.

Ordnung zu machen ist ein Mittel für Arbeitswütige – siehe Putzteufel. Es hilft aber auch bei Arbeitsunlust: Wenn ich keine Lust habe zum Schreiben, versuche ich mich vor mir selbst damit auszureden, daß ich zuerst Ordnung auf dem Schreibtisch machen muß. Nach zwei

Stunden dieser sinn- und aussichtslosen Tätigkeit bin ich so müde und entgeistert, daß vom Schreiben keine Rede mehr sein kann.
Unordnung hat der Ordnung gegenüber den Vorteil, daß man sie nicht machen muß. Sie entsteht von allein. Zugegeben, es gibt Dinge, in denen man eine gewisse Ordnung halten muß. Zum Beispiel Hygiene, Arbeitstermine, Geldbelege. Auch ein unordentlicher Mensch will gesund bleiben, muß essen und mag nicht pleite gehen. Es gibt aber auch viele Dinge, die mit Unordnung angenehmer sind. Zum Beispiel das Leben.
Man erinnere sich an jenen preußischen Offizier, der am Hochzeitsabend zu seiner im Schlafzimmer wartenden Braut kam und sagte: »Mathilde, Ordnung muß sein! Geliebt wird am Montag, Donnerstag und Samstag. Heute ist Mittwoch. Gute Nacht, Mathilde!«
Eine perfekte Ordnung kennt keine Kompromisse. Ich habe schon Wohnungen gesehen, in denen eine solche Ordnung herrschte, daß man sich da nicht wohl fühlen konnte. Man hatte das Gefühl, man müsse die eigene Kleidung altrosa und das Gesicht hellblau anstreichen, vor allem aber die eigenen unordentlichen Körperformen neu zuschneiden lassen, um sich der harmonischen Einheit der Zimmereinrichtung anzupassen. Es sind auch ordentliche Hausfrauen, die ihre Familie in irgendeiner engen Ecke abfüttern, um die Ordnung im Eßzimmer nicht durcheinanderzubringen.
Die Ordnung muß sein, sie ist also ein Zwang und somit nichts Angenehmes. Die Unordnung zwingt einem niemand auf. Der Ordnung muß man sich unterordnen, mit einer vernünftigen Unordnung kann man sich gut arrangieren . . .

Nun, was hier gesagt wurde, ist keine Anordnung. Wenn jemand der Ordnung, die das halbe Leben ist, partout sein ganzes Leben widmen will, ist es auch in Ordnung.

Aus der Höhle nichts Neues

Bei Frau Urmensch von der Langen Höhle versammelten sich einige Urdamen. Die Männer waren auf der Jagd, man konnte also in Ruhe einige Kleidungsstücke nähen und dabei ein wenig plaudern.
Die junge Einkindfrau von dem Oberen Felsenloch sprach die Gastgeberin an: »Sie haben Ihre Feuerstelle ganz hinten in der Höhle? Ist das nicht unbequem?«
»Die war schon immer da«, antwortete die Dame des Hauses, »da haben schon meine Mutter und meine Großmutter gekocht. Das Feuer ist da am besten beschützt.«
»Eben«, sagte die jüngere schnippisch, »das ist das altmodische Denken aus jener Zeit, als man das Feuer noch hüten mußte. Heute darf es doch ruhig ausgehen – man macht es mit zwei Steinchen ganz schnell wieder an. Ich habe meine Feuerstelle am Eingang, damit nicht der ganze Rauch die Höhle füllt.«
»Ihr seid heute ganz schön verwöhnt, ihr Jungen«, meinte eine ältere Frau, »nicht einmal ein wenig Rauch könnt ihr vertragen.«
»Ich habe ein neues Schlaflager gemacht«, versuchte die Gastgeberin das Thema zu wechseln. »Unten Gras, oben Eichenlaub. Meinem Mann gefällt es, weil es so schön raschelt.«

»Ich nehme immer das lange Gras vom Flußufer, und zwar eine Schicht längs und eine quer, damit es nicht so leicht verrutscht«, sagte die Junge und lachte.
»Ich hab gehört, daß die Frau vom Schnellen Wolf sogar ein Bärenfell aufs Schlaflager gelegt hat«, sagte die alte Frau, die schon lange keinen Mann mehr hatte. »Ein ganzes Bärenfell! Ist das keine Verschwendung?!«
»Sie kann sich das leisten«, erwiderte die Junge, »Schneller Wolf ist der Anführer der Jäger und kriegt den größten Anteil an der Beute. Mein Spitzohr ist schon froh, wenn er ein schönes Stück Bärenfleisch abbekommt, er ist ja noch jung. Ach, wissen Sie, meine Damen, ein Bärenfell nach unten und eins zum Zudekken ist sicher was Schönes, wir kommen aber auch ohne aus. Die Wölfin braucht es, weil ihr alter Mann sie wohl nicht genügend wärmt...«
»Ihr denkt nur an unnützen Luxus«, kam die Alte auf ihr Thema zurück. »Wie viele Tage brauchten deine Söhne, um die ganzen Wände eurer Höhle mit Zeichnungen zu bedecken?« fragte sie eine Frau mittleren Alters.
»Sie haben es doch im Winter gemacht, als sie sowieso nichts zu tun hatten«, verteidigte sich die Frau. »Und die Höhle sieht jetzt viel lustiger aus.«
»Was ist denn an gemalten Weibern mit Riesenbusen und dickem Hintern lustig? Vielleicht haben Männer ihre Freude daran! Moderne Kunst heißt das – ich würde solchen Schweinkram in meiner Höhle nicht dulden!« Die Alte zitterte vor heiligem Zorn.
Die Jüngste, selbst mit üppigen Formen ausgestattet, betrachtete deren schmächtigen, ausgetrockneten Leib mit unverfrorenem Lächeln.

Der Wert des Menschen

Professor Donald T. Forman aus Illinois hat seinerzeit ausgerechnet, daß der Sauerstoff, Kohlenstoff, Wasserstoff, das Nitrogen, das Kalzium und verschiedene Spurenelemente, aus denen der menschliche Körper besteht, insgesamt einen Wert von 13,92 Mark haben.

Es stellt sich jetzt eine Frage: Soll man diesen Betrag dem Menschen dafür gutschreiben, daß er doch irgendeinen Wert hat (was zweifelhaft ist, seit der Sklavenhandel abgeschafft wurde), oder soll man damit sein Konto belasten, weil er eine gewisse Menge wertvoller Stoffe bindet, die man anders viel besser verwenden könnte?

Mit der Antwort auf diese Frage beschäftigen sich die Philosophen schon ein paar tausend Jahre lang; überlassen wir es denen. Klar ist jedoch, daß es keinen ganz wertlosen Menschen gibt, und auch, daß, vom rein chemischen Standpunkt aus gesehen, die Wertunterschiede zwischen Menschen nicht sehr groß sein können – selbst wenn jemand Wasser im Kopf hat, also eine zusätzliche Menge an Sauerstoff und Wasserstoff, kann sein Wert höchstens auf 13,97 Mark steigen.

Der Mensch ist keine kostbare Investition – abgesehen davon, daß er in jedem Land herstellbar ist, ohne daß dazu Rohstoffe importiert werden müßten.

Der Kaukasier Schirali Mislimov hat einst seinen hundertvierundsechzigsten Geburtstag gefeiert. Welche Ware im Wert von 13,92 Mark hält sich heutzutage schon einhundertvierundsechzig – oder auch nur vierundsechzig – Jahre?! Ich kenne die Marktlage von Nitrogen und Kalzium nicht gut genug, vermutlich aber wird die Entwicklung der chemischen Industrie eher zu immer niedrigeren Preisen führen. Immer teurer wird es jedoch, einen Menschen zu töten, und zwar je mehr dieser Vorgang technisiert und standardisiert wird. In Vietnam waren es schon horrende Summen, die pro Sauerstoff-Kohlenstoff-Wasserstoff-Nitrogen-Kalzium-Portion aufgebracht werden mußten.
Das muß ja bedeuten, daß es nicht die chemischen Stoffe sind, die man mit soviel Mühe und Geld im Menschen zu töten versucht. Vielleicht besitzt er ja noch irgendwelche seltsamen und wertvollen Spurenelemente, die der chemischen Analyse entgangen sind. Zum Beispiel Spurenelemente von Menschlichkeit. Die hohen Mordpreise führen zu dem erfreulichen Schluß, daß der Mensch doch einen bedeutenden Wert hat. Die Todeshändler sind ja ausgezeichnete Kaufleute.
Jahre später hat der Biochemiker Harold J. Morowitz von der Yale-Universität meine Vermutung bestätigt – freilich nur, was den chemischen Wert betrifft, denn auch Morowitz hat noch keine Spuren von Menschlichkeit im Menschen entdeckt. Er hat einfach zusammengerechnet, was die hochorganisierten chemischen Verbindungen kosten müßten, die aus den billigen Grundstoffen in unserem Körper entstehen, und kam zu dem Schluß: Ein Durchschnittsmensch von hundertfünfzig Pfund Gewicht ist an die sechs Millionen Dollar wert.

Einerseits wäre dies natürlich für jeden Menschen ein Grund, stolz zu sein; besonders für die Dicken, denn ein Zweizentnermann bringt es nach dieser Rechnung auf einen Preis von acht Millionen Dollar. Die neuen Berechnungen liefern auch die wissenschaftliche Grundlage zu der allgemeinen instinktiven Vorliebe für den Vorgang des Kinderzeugens – bei dieser Preislage ist dies das ökonomisch beste Geschäft. Danach sind die Kinderreichen mitunter die Reichsten dieser Welt. Vielleicht könnte das auch Regierungen und Militärs auf die naheliegende Idee bringen, daß es sich nicht lohnt, solch teures Material in Kriegen vernichten zu lassen. Andererseits: Ist es vernünftig, mit einem solchen Wert frei und ungeschützt durch die Straßen zu laufen? Haben nicht die Diktatoren recht, wenn sie das Teuerste – die Menschen – am liebsten hinter Gittern und Stacheldraht, gut bewacht, verwahren? Und: Ist es nicht gefährlich, solche Zahlen zu veröffentlichen? Ist das nicht ein Wink für Gangster – private wie jene, die in Syndikaten beziehungsweise als Staatsmacht organisiert sind –, Menschen zu rauben und in ihre Bestandteile zu zerlegen oder sie wie Milchvieh als Hormon- und Enzymspender in Käfigen zu züchten?

Den Stolz auf meinen hohen Geldwert will ich mir lieber verkneifen und die Herren Gangster warnen, daß das Geschäft gar nicht so gut sein kann, wie es aussieht. Die Rechnung von Harold J. Morowitz stimmt nämlich nicht.
Als die teuersten Produkte unseres Körpers bezeichnet er ein Follikelhormon mit 4,8 Millionen Dollar und das Milchdrüsenhormon Prolaktin mit 17,5 Millionen Dol-

lar je Gramm. Diese Preise können allenfalls – weil es sich in beiden Fällen um weibliche Hormone handelt – die altbekannte Tatsache bestätigen, daß Frauen wertvoller sind als Männer. (Sie haben sich auch immer teurer verkauft.)

Wer möchte aber zu so horrenden Preisen Prolaktin kaufen, das ja nur Milchabsonderung in der Stillzeit bewirkt? Man kann sich Babynahrung viel billiger verschaffen. Und Follikelhormone gewinnt man in ausreichenden Mengen aus dem Harn von schwangeren Frauen, aus Stuten- und paradoxerweise auch aus Hengstharn. Als Bestandteil von Antibabypillen werden diese Hormone zu zivilen Preisen gehandelt, wobei die Pharmaindustrie ganz bestimmt nicht draufzahlt. Auch das von Morowitz mit 12 000 Dollar pro Gramm eingesetzte Polypeptid Bradykinin, das den Blutdruck senkt, ist synthetisch herstellbar. Dies alles kann man in jeder Enzyklopädie nachlesen, wie ich es getan habe.

Trotzdem bin ich nicht vollends beruhigt. Neben der Rechnung von Morowitz stand die Nachricht, daß sich die Leber bestens zur Transplantation eignet. Also: Neben Augen, Nieren, Herz ist offenbar noch ein Austauschorgan vorhanden. Werden sich die Gangster womöglich auf den Raub von menschlichen Ersatzteilen spezialisieren wie heute auf Autoersatzteile?

Nein, auch wenn die Rechnung des amerikanischen Biochemikers nicht stimmt, oder, sagen wir, nicht marktgerecht ist, sind wir Menschen doch entschieden zu teuer geworden. Können wir uns uns noch leisten?

Menschen in Mengen

Die Menschheit vermehrt sich. Sie vermehrt sich – allen ihren Gegenmaßnahmen zum Trotz – immer schneller. Man muß kein Malthusianer sein, um zu sehen, daß dies nicht nur Vorteile mit sich bringt.

Gemäß den Gesetzen von Angebot und Nachfrage werden die Menschen immer weniger wert. Tatsächlich, so viele Menschen wie heute braucht doch kein Mensch – selbst der kontaktfreudigste nicht. Nicht nur der allgemeine Marktwert der Menschen – als Kanonenfutter, Spaltungsmaterial für Kernwaffen oder Zielscheibe für Terroranschläge – sinkt, sondern auch der reale Wert jedes einzelnen. Die immer höheren Lösegelder für Entführungsopfer sind kein Gegenbeweis. Jeder prosperierende Wirtschaftszweig erlebt seinen Preisboom. Außerdem sind Preis und Wert zweierlei.

Die Wertminderung des Menschen hat objektive Gründe. Die Summe der menschlichen Weisheit bleibt seit Jahrtausenden konstant, oder fast konstant; sie wird jedoch auf immer mehr Menschen verteilt. Dank dem Fortschritt der Wissenschaften wissen wir viel mehr als unsere Ahnen; wir wissen sogar viel genauer als Sokrates, von wie vielen Dingen wir nichts wissen. Man kann jedoch nicht behaupten, daß unsere Weisen weiser wären als die Denker des Altertums.

Denker gibt es heute kaum noch, und es kann sie auch kaum geben – immer mehr Menschen liefern immer mehr Information, kein Mensch ist imstande, diese Mengen zu überdenken. Man ist schon froh, wenn man so viel Information wie möglich in den Hirnzellen gespeichert hat. Dann ist man aber ein Wissenschaftler oder ein Fachmann – fürs Denken bleibt keine Zeit mehr. Nur jemand, der zu faul ist, dem neuesten Stand des Wissens nachzujagen, denkt noch ab und zu selbst.
Man kann nicht sagen, daß die Menschen gegen die Vermehrung der Erdbevölkerung nichts unternehmen. Seit sie gemerkt haben, daß alle Erfindungen der Natur wie Erdbeben, Pest, Orkane, Fluten oder Vulkane nicht ausreichen, um die Menschen auszurotten – und das haben Menschen sehr früh begriffen –, haben sie diese Aufgabe selbst übernommen.
Es gibt zwar mehrere Menschengemeinschaften, in denen es Gesetze zum Schutz des Menschenlebens gibt; und einige wenige, in denen sie sogar ernst genommen werden. Heute gibt es solche Staaten mehr denn je; aber auch mehr solche, in denen Menschen in Massen umgebracht werden; denn erst die heutige Bevölkerungszahl ermöglicht derart massives Morden.
Man erfindet technische und chemische Mittel, um immer mehr Menschen die Nahrung zu sichern – dieselben Mittel verkürzen aber auch das Leben. Die Medizin entwickelte Verhütungsmittel, um die Vermehrung der Menschheit ein wenig zu bremsen – und Mittel, die Menschen am Leben zu erhalten. Ein Auto kann einem Kranken das Leben retten – und unterwegs zum Krankenhaus einige Gesunde totfahren. Selbst der seit Jahrtausenden geführte Krieg der Menschen gegen die

Menschen – das älteste menschliche Mittel zur Regulierung der Bevölkerungszahlen – macht ab und zu mal Pause; er muß warten, bis Menschen nachwachsen, die er vernichten kann.

Das Wechselspiel von Maßnahmen und Gegenmaßnahmen erweckt vielleicht den Eindruck, daß sich die Menschen nicht entscheiden können, ob sie die Menschen nun ausrotten wollen oder nicht. Der Eindruck ist falsch. Natürlich wollen sie sie ausrotten oder zumindest ihre Zahl gründlich vermindern – die Inkonsequenz der Praxis besteht darin, daß die Sache einen Haken hat und dieser Haken in jedem von uns steckt. Denn jeder von uns Menschen – samt Anhang, den er liebt oder auch braucht – ist derjenige, dessen Leben wichtig ist, der nicht den Maßnahmen gegen die Überbevölkerung zum Opfer fallen darf.

Vielleicht wäre dies die Basis, auf der sich alle Menschen einigen könnten. Wie soll man aber die Einigung schaffen, wenn es so viele Menschen auf der Welt gibt?

Der uneingeordnete Mensch

Mein Freund Hockenbein hatte das Pech, daß ihm ein anderer das Mädchen, in das er verliebt war, weggeheiratet hat. Dann hatte er das Glück, daß wieder ein anderer das Mädchen heiratete, das in ihn verliebt war. So lebt er unverheiratet und unliiert und ist, soziologisch gesehen, ein Single.

In Wirklichkeit ist er nicht so ganz single, denn er hat einige nette Freundinnen, die bei ihm ein und aus gehen: zwei geschiedene, eine verheiratete und sogar eine junge Witwe (ganz ledige meidet er aus Sicherheitsgründen). Somit ist er praktisch ein Pluri oder ein Multi – ich weiß nicht, wie man so einen nichtsinglehaften Single wissenschaftlich nennt.

Im Fernsehen gab es neulich einen Film mit Ratschlägen für Singles, ich habe ihn jedoch verpaßt. Schade – vielleicht hätte ich erfahren, ob ich ein Single bin oder nicht, da ich doch mit meinem Sohn zusammenlebe. Ich denke mir, gänzlich unsoziologisch, wir seien eine Familie, wenn auch eine kleine. Wissenschaftlich gesehen sind wir vielleicht aber ein Doppelsingle. Schließlich kenne ich genug Ehepaare, die in Wirklichkeit Doppelsingles sind.

Das ist sehr wichtig zu wissen. Denn, bin ich ein Single, gibt es für mich eine besondere Literatur, Ratschläge,

Beratungsstellen, Mode und Experten, die mir sagen, wie ich leben will und muß; bin ich dagegen keiner, muß ich mich an andere Experten wenden. Heute muß man genau eingeordnet und bezeichnet werden.
Würde zum Beispiel mein Freund Hockenbein heiraten (die Witwe ist fleißig am Werk, ihn dazu zu bringen), wäre er kein Single mehr, sondern... Na ja, ich weiß nicht, wie man das Gegenteil nennt – da habe entweder ich eine Wissenslücke oder die Soziologie. Früher hätte man ihn »Familienoberhaupt« genannt, was heute ziemlich lächerlich klingt und ist. »Ober« zu sein, wenn er geheiratet hat, hat er keine Chance, und wie ich die Witwe kenne, hat sie ein Köpfchen, neben dem sich sein »Haupt« nicht durchsetzen kann.
Würde er irgendwann mal seiner Frau sagen, sie solle das Geschirr abwaschen, wäre er ein männlicher Chauvinist. Würde sie ihm darauf antworten, er soll es doch selbst machen, sie sei auch nach der Arbeit müde, wäre sie eine Frauenrechtlerin. Eine Feministin oder gar eine Emanze wäre sie dadurch noch nicht – als Feministin hätte sie ihn für die Frechheit, von ihr Hausarbeit zu verlangen, zumindest mit einem Monat Liebesentzug bestrafen müssen; als Emanze hätte sie ihn vielleicht heiraten, aber nicht lieben dürfen.
Um Hockenbein richtig und vollständig zu klassifizieren, fehlen mir mehrere Angaben. Ich weiß zum Beispiel nicht, ob er ein Kernkraftgegner oder -anhänger ist, denn die kann man schlecht voneinander unterscheiden, weil sie alle genausoviel Strom für ihre Geräte und genausoviel Benzin für ihre Autos verbrauchen.
Ich weiß nicht einmal, ob er ein Progressiver oder ein Reaktionär ist: Ich habe ihn schon über die Sowjet-

union, aber auch über Reagan schimpfen hören, und vor den Chinesen hat er auch Angst; er mag Stücke von Kroetz und nackte Ophelias im Theater nicht, haßt aber auch die Oper; er geht nicht demonstrieren, regt sich aber über Demonstrationen nicht auf, solange sie nicht gewalttätig werden; und er meint auch nicht, daß die ganze junge Generation nichts taugt und mehr harte Arbeit und Disziplin haben müßte.
Hockenbeins Beziehung zum Umweltschutz und zu den Grünen ist mir schleierhaft. Er macht zwar gerne Ausflüge in die freie Natur und hinterläßt daselbst keinen Müll; er hat jedoch nicht protestiert, als man in seiner Nähe eine Wiese mit Sozialwohnungen verbaute; und er ißt widerspruchslos Braten von gespritzten Kälbern sowie auch Eier von Käfighühnern.
Dieser Mensch ist einfach wissenschaftlich nicht einzuordnen. Das ist schlimm. Wenn man wüßte, daß er zum Beispiel ein Ehetraditionalist, Chauvinist, Kernkraftbefürworter und Umweltverschmutzer oder umgekehrt überzeugter Single, feministischer Softi, Kernkraftgegner und Grüner ist, wüßte man, welche Literatur und welche Experten man ihm empfehlen könnte, die ihm sagen würden, wie er leben und wie er denken muß. So muß er sehen, wie er selbst, ohne Theorie und ohne Hilfe, mit dem Leben und Denken fertig wird.

Die allererste Liebe

Er hieß Fuß-nicht-Fuß, was soviel wie »der Hinkende« bedeutete und deutlich seinen niederen Rang in der Horde zeigte, in der die ersten Plätze Männern gehörten, die stark wie Bison-Tod oder schnell wie Jäger-Wind waren. Bei der Jagd stellte man Fuß-nicht-Fuß auf irgendeinen festen Platz, an dem er einem verwundeten Tier den Fluchtweg versperren konnte. Tiere kamen jedoch nie zu ihm, sie wurden von den schnellfüßigen Jägern früher abgefangen. Beim Essen mußte er geduldig warten, bis er irgendeinen Knochen zum Abnagen bekam, später als alle Männer und die alten Matronen; sogar manche jungen Weiber wie Kind-Viel und Busen-Berg bekamen ihre Portion früher als er.

Sie stand in der Hierarchie der Weiber ganz unten, weil ihre Brüste klein waren und ihr Hinterteil eher dem eines Jünglings ähnelte. Obwohl ihr die Mutter einst den schönen Namen Hirschkuh gegeben hatte, nannte man sie spöttisch Weib-Mann-Mann, was nicht bedeuten sollte, daß sie viele Männer gehabt hatte, sondern daß sie selbst mehr Mann als Weib war. Sonst machte man ihr aber nicht viel Ärger, weil sie bei der Arbeit flink war. Sie putzte die Häute mit dem scharfen Steinmesser schnell und sauber. Selbst die stolzesten und boshaftesten großbusigen und kinderreichen jungen Weiber wagten es nicht, Weib-Mann-Mann zu schikanieren, weil der Bruder ihrer Mutter der Bär-Groß war, und es tat sehr weh, wenn man von ihm einen Tritt in den Hintern bekam.

Die Männer beachteten das schmächtige Jungweib nicht. Keiner hatte es je am Abendfeuer am Haar gepackt und weggeschleppt. Das heißt, der begehrte Bison-Tod griff einmal nach ihr und hat ihren vorgetäuschten Widerstand natürlich schnell überwunden. Dann stieß er sie jedoch wieder auf ihren Platz zurück, und alle lachten, vor allem die Weiber. Bär-Groß als Beschützer der Kinder seiner Schwester mußte diese Schmach rächen. Er kämpfte mit Bison-Tod, und beide Jäger mußten Hand-Hand-Fuß, also nach moderner Rechnung fünfzehn Tage, ihre Wunden mit Kräutern, Spucke und Lehm heilen. Seit jener Zeit hat sich kein Jäger der kleinen Weib-Mann-Mann genähert.

Fuß-nicht-Fuß hätte sie gerne am Haar gepackt, wagte es jedoch nicht. Bei seiner niedrigen Rangstellung mußte er sehr vorsichtig sein. Es konnte passieren, daß ihr Scheinwiderstand, der zum Zeremoniell gehörte, in seinem Fall ernst werden könnte. Würde sie ihn abwehren, wäre er erledigt, er müßte nach seiner öffentlichen Beschämung die Horde verlassen. Und dies war ein sicheres Todesurteil.

Fuß-nicht-Fuß wurde oft zu Hause gelassen, wenn die Männer weit weg auf die Jagd zogen, den Bisonherden nach. Er wurde mit minderen, fast weiblichen Arbeiten beauftragt. Das Jungweib, das er für sich immer nur Hirschkuh nannte, sah er sehr oft, und sein Begehren wuchs.

Der Krüppel Fuß-nicht-Fuß hatte mehr Zeit nachzudenken als die Jäger, die sich im Laufen, Spurensuchen und Kampf mit den Tieren ganz verausgabten. Er dachte oft über Hirschkuh und über sich selbst nach. Einmal, als sie ganz allein am Bach eine Bisonhaut reinigte, kam er auf sie zu, reichte ihr eine Blume und sagte: »Hirschkuh-Blume«. Er wußte es natürlich nicht, aber er hatte damit das erste Liebesgedicht der menschlichen Geschichte erfunden.
Weib-Mann-Mann stieß ihn weg, wie es sich nach den Sitten der Horde gehörte, und er versuchte nicht, mit ihr zu kämpfen. Die Blume beroch sie und warf sie weg, da sie nicht genießbar war.
Als Fuß-nicht-Fuß das nächste Mal Hirschkuh auflauerte, brachte er ihr drei Blumen und sagte: »Hirschkuh-Sonne«. Ob es die gesteigerte dichterische Leistung war, die sie beeindruckte, oder die Tatsache, daß es diesmal Blumen waren, aus denen man einige Tropfen süßen Nektars herauskauen konnte; oder ob sich Hirschkuh inzwischen überlegt hatte, daß ein hinken-

der Mann besser war als keiner – jedenfalls war der Stoß, den sie Fuß-nicht-Fuß versetzt hatte, schwach und eindeutig nicht ernst gemeint.
Das dritte Mal trafen sie sich zufällig, als sie beide nach Reisig für das Feuer suchten, deshalb hatte der Mann keine Blumen. Er sagte nur: »Hirschkuh-Blume-Sonne«, was bedeutete: »Du bist schön wie eine Blume, auf die die Sonne scheint«, und das war schon ein wahres Gedicht.
Sie sagte: »Fuß-nicht-Fuß Bison-Zunge«, womit sie weniger seine Wortgewandtheit als seine allgemeine Qualität loben wollte – Zunge war das schmackhafteste und ehrenvollste Stück der Beute. Sie hatten beide noch nie Zunge gegessen. Sie nahm seine Hand – sie mußte ja nicht auf Sitten achten, da sie niemand gesehen hatte – und führte ihn zu einer versteckten Lichtung im Wald. So haben zwei Außenseiter der Horde die moderne Liebe erfunden. Zum erstenmal wurde eine Frau nicht vergewaltigt, nicht einmal zum Schein. Zum erstenmal haben sich ein Mann und eine Frau ohne das Zeremoniell vor der am Feuer versammelten Sippe vereint. Und zum erstenmal entstand eine feste Bindung zweier Menschen, für die der Ruhm, von vielen Männern begehrt zu sein oder vielen Weibern Kinder gemacht zu haben, unerreichbar war.
Um ein Happy-End zu haben, könnten wir uns ausdenken, daß Fuß-nicht-Fuß den Schießbogen erfunden hat, um seiner Hirschkuh Zunge und Leber bringen zu können, und somit die Zivilisation fortentwickelt hat. Was schert uns aber die Zivilisation, wenn es um die Liebe geht?

Sitz der Liebe

Wir wissen alle, daß der Sitz der Liebe im Herzen ist. In dem modernsten Deutschen Wörterbuch steht es: »Herz . . ./fig./Sitz der Seele, der Gefühle . . .« So ähnlich kann man das auf assyrischen Tontafeln und ägyptischen Papyri lesen. Es gab zwar Völker, die den Sitz der Liebe in der Leber finden wollten, und es gibt viele erfahrene Frauen, die davon überzeugt sind, daß die Liebe ihrer Männer ihren Sitz im Magen hat, oder erfahrene Männer, die den Sitz der Liebe ihrer Frauen im eigenen Portemonnaie festgestellt haben. Die Herzhypothese ist aber immer noch die allgemeinste.

Warum wurde ausgerechnet dieser kleine Muskel, der sowieso schon so viel schwere technische Arbeit in unserem Körper zu verrichten hat, für diese hohe Aufgabe ausgewählt? Wahrscheinlich aus den gleichen Gründen, aus denen man den Sitz für Glück und Wonne im Himmel eingerichtet hat – weil er gut versteckt und unsichtbar ist.

In früheren Zeiten glaubte man, daß nicht nur die Liebe im Herzen wohnt, sondern zum Beispiel auch das Wissen. Vor dreitausend Jahren hatte der Ägypter Neb-maat-Re-nekht, der ein hoher Beamter und trotzdem ein Denker war (damals war es möglich), auf seinen Papyrus geschrieben: »Nimm dir die Bücher ins Herz,

du sollst dich vor aller Arbeit hüten können und zu einem hervorragenden Beamten werden.«
Seit dieser Zeit sind das Wissen und viele Eigenschaften und Tugenden aus dem Herzen in den Kopf übergesiedelt. Nur die Liebe, die Güte, die Freundschaft und die Tapferkeit sind dort geblieben. Ist es nicht auffallend, daß man eben Liebe, Güte, Freundschaft und Tapferkeit so lange wie möglich so fern wie möglich vom Sitz der Vernunft halten will?
Die chirurgischen Experimente Dr. Christian Barnards und seiner Kollegen haben aber die ganze Sache zweifelhaft gemacht. Es hat sich erwiesen, daß man die Liebe nicht mit ihrem vermeintlichen Käfig zusammen von einem Menschenkörper in einen anderen verlegen kann. Philipp Blaiberg hatte ein fremdes Herz und liebte seine Frau weiter – Christian Barnard, so wie Tausende andere, die ihr eigenes Herz haben, ließ sich scheiden.
Man muß also für die Liebe einen neuen Sitz suchen. Alle menschlichen Organe haben genug mit ihren eigenen Funktionen zu tun. Übrig bleibt nur das Gehirn – das Organ, das die Menschen am wenigsten anstrengen.
Vielleicht wird es gar nicht so schlimm sein, wenn sich die Menschen daran gewöhnen, daß die Liebe durch den Kopf gehen muß. Und für den Kopf ist das auch nicht gefährlich: Nur sehr junge Leute und unverbesserliche Romantiker dürfen glauben, daß der Mensch so viel Liebe besitzt, daß sie im Gehirn keinen Raum für andere Dinge frei lassen würde. Der Kopf, wenn man ihn benutzen will, vermag schon so manches zu schaffen. Und, last but not least, es kann nicht schaden,

wenn man die Liebe ein bißchen weiter von den Genitalien entfernt.
Für die Poeten wird das allerdings eine Katastrophe bedeuten. Viele zuverlässige Reime wie »Herz-Schmerz« oder »Herz-März« gehen verloren. »Denken« und »Lieben« reimt sich nicht gut. Man muß befürchten, daß die Lyriker in eine schwere Krise geraten werden, wenn sie anstatt aus vollem Herzen, wie bis jetzt, aus vollem Kopfe schreiben müßten.

Versöhnung mit der Ehe

Die Ehe als Institution wird nicht abgeschafft. Man kann tausendmal beweisen, daß die Ehe in der heutigen Zeit, in der beide Partner berufliche und menschliche Freiheit in Anspruch nehmen, ihren Aufgaben nicht gewachsen ist. Man kann hunderttausendmal den alten Aphorismus wiederholen, daß »die Ehe aus zwei Sklavenhaltern und zwei Sklaven und doch nur aus zwei Menschen besteht« – es hilft nichts. Solange man für die Kinder keine bessere Erziehungsanstalt entwikkelt hat als die Familie, solange auch Männer Kinder lieben und sie nicht selbst gebären können, kann man sich kaum von dem Joch der Ehe befreien.

Wenn man etwas nicht abschaffen kann, ist es das beste, wenn man sich damit abfindet.

Übrigens, versuchte man, die Ehe als Institution zu liquidieren, wäre ich persönlich dagegen. Ich bin nach der Scheidung zu dem Schluß gekommen, daß mich diese Institution als solche überhaupt nicht stört. Im Gegenteil, ich bin bereit, ihr viele gute Wirkungen zuzugestehen. Zum Beispiel ist es nur der Institution der Ehe zu verdanken, daß es noch Sekretärinnen gibt: Wie viele junge Frauen möchten schon Sekretärinnen werden, bestünde nicht die Möglichkeit, den Chef oder mindestens einen Bürokollegen zu heiraten?

Auch für die Volksbildung ist die Institution der Ehe von großer Bedeutung: Viele Mädchen wären nicht auf die Universität gegangen, hätten sie nicht den Wunsch, einen gebildeten Mann zu angeln, und einige Männer könnten nicht ohne materielle Unterstützung der Frauen, von denen sie als Ehekandidaten ausgewählt wurden, mit ihrem Studium fertig werden.
Gäbe es keine Ehe, hätte es ja auch keine fremden

Ehefrauen gegeben. Und eine gut verheiratete, mit ihrer Ehe zufriedene Frau ist doch die beste Geliebte. Sie bringt keine Probleme in die Liaison mit, sie sucht keinen Beichtvater, keinen Mäzen, keinen Partner für die Gesellschaft, sondern nur einen Geliebten; sie beansprucht kein Mitleid und keinen unproduktiven Zeitverlust; bei ihr droht nicht die Gefahr, daß sie sich als Heiratskandidatin entpuppt. Vielleicht ist die Ordnung der Ursachen und der Folgen umgekehrt, vielleicht sind eben diese Frauen in der Ehe zufrieden, weil sie anderen Männern – unter Umständen auch ihrem eigenen Mann – gute Geliebte sind. Tatsache ist – durch Jahrhunderte männlicher Erfahrung bestätigt –, daß die

besten Geliebten glücklich verheiratete Frauen sind. Durch die Abschaffung der Ehe ginge das verloren.
Die Ehe hat also auch gute Seiten. Man muß sich nur mit ihr irgendwie arrangieren. Vielleicht wäre es erforderlich, früh zu heiraten. (Wenn man jung ist, entscheidet man sich sowieso für diesen Schritt viel leichter.) Dann kann man so mit fünfundvierzig schon erwachsene Kinder haben, die Ehe auflösen und einige Jahre die Freiheit genießen.
Es bietet sich aber eine noch radikalere Lösung an: In der letzten Zeit wurden in den USA und in Holland einige gleichgeschlechtliche Ehen offiziell geschlossen. Könnte man gesetzlich durchsetzen, daß in der Zukunft nur solche Ehen zugelassen werden, würde ein alter Traum verwirklicht – alle Frauen könnten verheiratet sein, alle Männer ledig bleiben.
Im Interesse der schweigenden heterosexuellen Mehrheit und der Populationspolitik müßte man dann natürlich die Forderung der ehelichen Treue gesetzlich abschaffen.
Um die hartnäckigen Anhänger der traditionellen Mischehe zu beruhigen: Käme mein Gesetzentwurf zustande, würden sich viele Leute finden, die heimlich wilde Mann-Frau-Ehen schließen werden. Und diese morganatischen Ehen werden ganz sicher viel besser und stabiler sein als die herkömmlichen, so leicht erreichbaren Bündnisse, besonders wenn sich die Behörden die Mühe geben, sie ein wenig zu verfolgen.

Das verliebte Nilpferd

Ein Nilpferd verliebte sich in eine kleine schwarze Affendame. Prustend und schnaubend kletterte der Dickhäuter aus seinem schlammigen Tümpel aufs Trockene und lag stundenlang unter einem Baum, um dem Äffchen, das mit seinen Gefährtinnen schäkerte und herumsprang, nahe zu sein. Das Nilpferd glotzte die kleine Äffin mit einer so offensichtlichen Hingabe an, daß es selbst ein steinernes Herz erweicht hätte. Da jedoch die Nilpferde im allgemeinen vor sich hinzuglotzen pflegen – was jungen Affen furchtbar lächerlich vorkommt –, nahm sich die Angebetete in dem Trubel keine Zeit, darüber nachzudenken, warum dieses Nilpferd Glotzaugen machte.

Als das Nilpferd schließlich allen seinen Mut zusammennahm und der kleinen Affendame ein Liebesgeständnis machte, kicherte und kreischte die kleine Dame in einer Lautstärke, daß an die zweihundert Affen hereieilten, sich grölend auf ihren Schwänzen schaukelten, lachend von Ast zu Ast sprangen und ein Affentheater aufführten.

Aus dem Kreischen des schwarzen Äffchens klang aber echter Stolz, und im spöttischen Kichern der lieben Freundinnen waren starke Neidgefühle verborgen. Ein Nilpferd ist nun einmal ein riesengroßes Tier, und man

muß ihm zugestehen – wie immer man auch die Sache drehen und wenden mag –, daß es ein solider Typ ist. Als sich das Nilpferd wieder blicken ließ, begann das schwarze Äffchen völlig unbefangen mit ihm über die jüngste Papageienfedermode zu plaudern und über die große Party, die von den Makaken auf den Bananenplantagen vorbereitet wurde.
Das Nilpferd wußte auf diesem Gebiet überhaupt nicht Bescheid, doch hörte es gern dem Gezwitscher des Äffchens zu. Es war selig und hätte alles in der Welt hergegeben, daß seine Freundin es ihm ansähe. Eine Nilpferdschnauze vermag aber leider Gefühle nicht so auszudrücken, wie es das Gesicht eines Rhesusaffen oder gar eines Schimpansen kann. Ein glückliches Nilpferd sieht fast genauso aus wie ein unglückliches.
Die kleine Affendame langweilte sich mit ihrem schweigsamen Partner zu Tode, jedoch fühlte sie sich geschmeichelt, weil jeder sehen konnte, wie sie solch einem großen Tier auf dem Kopf herumtanzte und auf seinem Rücken ritt.
Das Nilpferd liebte sein Herzblättchen immer inniger. Es merkte freilich, daß ein ideales Verständnis zwischen ihnen kaum abzusehen war, und seufzte schmerzlich. Dabei riß es das Maul weit auf, und das Äffchen erschrak.
Das Nilpferd wollte ihm nur aufmunternd zulächeln – riß das Maul von neuem auf, und das Äffchen erschrak abermals. Die Ausdrucksmöglichkeiten eines Nilpferds sind eben begrenzt.
Wie gern hätte es das Händchen der kleinen Affendame auf seine Brust gelegt, damit sie fühlen konnte, wie ihm das Herz pochte. Aber – kann man denn durch

einen Berg von Nilpferdfleisch das Pochen seines Herzens spüren?
Das Äffchen riß dem unglücklichen Liebhaber mit einem Pavian aus, der es auf einer Palme wortlos am Kragen packte und einfach mitschleppte ...
Das Nilpferd litt und wäre am liebsten gestorben. Es wollte »ins Wasser gehen«, da es aber selbst zur Hälfte ein Wassertier ist, konnte es natürlich ausgezeichnet schwimmen. Es wollte sich aufhängen, es fand sich jedoch keine Liane, die seine drei Tonnen Lebendgewicht ausgehalten hätte. Es wollte sich von einem hohen Baum stürzen – aber die Kunst, auf hohe Bäume zu klettern, ist einem Nilpferd nicht gegeben.
So trottete das arme Nilpferd verzweifelt durch den Wald und lag dann wieder stundenlang an der Stelle herum, wo es einst sein Äffchen kennengelernt hatte. Voll Leid starrte es mit seinen Glotzaugen vor sich hin und seufzte schmerzlich.
Doch, wie gesagt, ein unglückliches Nilpferd sieht fast genauso aus wie ein glückliches. Die Affen sprangen um das Nilpferd herum und riefen entrüstet: »Seht ihr? Vor kurzem erst hat er seine Herzallerliebste verloren, und jetzt macht sich der Kerl schon nichts mehr daraus!« – »Ja, ja«, kreischten andere Affen zurück, »ein Nilpferd hat eben ein dickes Fell!«

Die bewußte Nathalie

Nathalie ist Studentin. Sie studiert zwar erst im ersten Semester, dafür aber die dritte Fachrichtung, denn sie hatte vorher schon an zwei anderen Fakultäten das erste Semester absolviert.

Nathalie hat einen umfangreichen wissenschaftlichen Wortschatz und eine flache Brust, ganz wenig Popo und sehr viel Bewußtsein. Sie besitzt reichlich Bewußtsein von jeder Sorte – gesellschaftliches, politisches, soziales, feministisches, Natur-, Umwelt- und Gesundheitsbewußtsein und was es noch so gibt.

Nathalies Freund Karl-Friedrich (heute schon ehemaliger Freund) besaß keinerlei Bewußtsein, zumindest nicht bewußt. Als Buchhalter in einer kleinen Firma braucht man dies nicht unbedingt, und man kann es sich auch gar nicht leisten.

Sie lernten sich in einer kleinen Gaststätte kennen, wo der junge Mann einen »Gemüseteller« verzehrte, denn es war Monatsende, und er mußte sparen. Nathalie deutete es irrtümlich als Zeichen des ökovegetarischen Bewußtseins und sprach ihn an. Sie war seit einigen Monaten, seit ihrem vierundzwanzigsten Geburtstag, auf der Suche nach einem männlichen Objekt zwecks Durchführung bewußter wissenschaftlicher Experimente.

Das Interesse der Studentin schmeichelte Karl-Friedrich. Ihr hochintellektueller Wortschatz imponierte ihm, gegen ihr Äußeres hatte er nichts einzuwenden, denn er war von Frauen nicht verwöhnt. Bisher hatte er nur zwei – eine Kusine aus Holstein, die vor drei Jahren bei seiner Familie zu Besuch war, und eine ältere Bürokollegin, die er gelegentlich besuchte.
Von Nathalies Bewußtseinssorten gefiel Karl-Friedrich am besten das feministische Bewußtsein, aufgrund dessen sie immer auf getrennter Kasse bestand. Mit einer unemanzipierten Frau hätte er gar nicht ausgehen können, aus finanziellen Gründen. Ein weiterer Beweis dafür, daß Frauenemanzipation im Interesse der Männer liegt.
Am wenigsten mochte er ihr fast religiöses Missionsbewußtsein, ihm allerlei Bewußtsein einzutrichtern. Karl-Friedrich merkte jedoch bald, daß jedes Bewußtsein nur aus einigen wenigen Fremdwörtern, Sakralphrasen und Losungen besteht – und er hatte durch den Umgang mit Zahlen ein gut trainiertes Gedächtnis. Da er kein eigenes Bewußtsein besaß, konnte er auch nicht in Bewußtseinskonflikte geraten.
Nathalie hatte keine Schwierigkeiten, ihren Freund zum prinzipiellen Verzicht auf Fleischverzehr zu bekehren – sie hatte da, ohne es zu wissen, einen starken Verbündeten in Karl-Friedrichs Kapitalschwäche. Unter Nathalies Führung lernte er sogar, das ewige Sodbrennen und die häufigen Blähungen, die das Grünzeug verursachte, mit Bewußtseinsmitteln – wie autogenes Training und Meditation – zu überspielen. Die inneren Störungen verschwanden zwar nicht, hörten jedoch auf, ihn zu beunruhigen.

Das Experiment lief etwa drei Monate gut. Es scheiterte dann an Nathalies Sexbewußtsein.
Man könnte Nathalie schwer als sinnlich bezeichnen – sie war jedoch aus einschlägiger Literatur genau darüber unterrichtet, wie viele Orgasmen einer modernen Frau pro Woche, Tag und Stunde zustehen, und führte darüber genau Buch.
Karl-Friedrich war zwar jung, aber, wie wir wissen, untrainiert. Auch die vegetarische Kost und Nathalies wissenschaftliche Einstellung zur Sache schwächten immer mehr seine anfängliche Begeisterung.
Die Geschichte hatte ein blutiges Ende. Nach einem besonders anstrengenden Experiment – es mußten noch drei von der vorigen Woche offenstehende Orgasmen erledigt werden – drehte der junge Mann durch. Er flüchtete in ein Restaurant und verschlang drei T-Bone-Steaks von je vierhundertfünfzig Gramm hintereinander. Ganz ohne Salat.
Als Nathalie von dieser blutigen Barbarei erfuhr, machte sie mit Karl-Friedrich Schluß.
Jetzt sucht sie für ihre Experimente ein neues männliches Objekt – im vollen Bewußtsein der Tatsache, daß es den meisten Männern an Bewußtsein mangelt.

Ein fetter Hahn ist selten schlecht

Vor einiger Zeit hat eine Illustrierte ein Schlankheitsrezept unter dem Motto »Ein guter Hahn wird selten fett« gebracht. Diese These wurde angeblich durch den amerikanischen Arzt Dr. Abraham I. Friedman medizinisch untermauert.

Wie immer, wenn Wissenschaftler etwas mit der Dichtung zu tun haben – und Sprichwörter sind Dichtung –, verstehen sie sie ungenau oder gar verkehrt. Erstens, »selten« bedeutet nicht »nie«. Es ist eher so, daß ein mittelmäßiger Hahn nicht fett wird – ein guter schafft beides.

Zweitens, auch in jenen Fällen, in denen die volkstümliche Beobachtung stimmt, wird durch falsche Schlußfolgerung eine falsche Kausalität hergestellt. Der Hahn verliert nicht durch seine sexuellen Leistungen an Gewicht, sondern dadurch, daß er den Hennen dauernd nachläuft.

Jeder Fachmann wird bestätigen, daß ein Kilometerlauf viel mehr Kalorien verbraucht als ein Geschlechtsakt. Ein ganz schlechter Hahn, der dauernd die Hennen jagt und nie eine einholt, muß noch viel magerer werden als der gute. Hätten die Hennen menschlichen Verstand und kämen von allein zum Hahn, würde er bei unverminderter sexueller Leistung ganz schön fett bleiben.

Auch sonst ist die Logik nicht die stärkste Seite des amerikanischen Mediziners. Essen ist eine Ersatzhandlung für den Sex, sagt er, folglich kann auch der Sex das Essen ersetzen. Erstens: Das Essen ist kein Ersatz für Sex, sondern – auch – seine Voraussetzung. Ein ausgehungerter Mensch hat keine Gedanken an Sex, und hätte er sie, fehlte ihm die Kraft, sie zu verwirklichen. Würde eine Frau einen normalen Mann vor die Wahl zwischen Liebe und einem üppigen Mahl stellen, muß er schon sehr hungrig sein, um das zweite zu wählen; oder aber eine andere Frau in Reserve haben, zu der er nach dem Essen gehen kann.

Zweitens: Wäre auch das Essen ein Ersatz für den Sex, bedeutet es noch lange nicht, daß es auch umgekehrt stimmt. Man kann zum Beispiel einen schweren Aschenbecher aus Metall als Ersatz für einen Hammer benutzen, wenn man einen Nagel in die Wand schlagen will – man kann jedoch nicht den Aschenbecher durch einen Hammer ersetzen. Oder anders: Viele Frauen können die Ehefrau ersetzen, aber die Ehefrau kann sie alle nicht ersetzen.

Die Zeitschrift selbst nimmt natürlich die Theorien von Dr. Friedman nicht ernst. Sie widerlegt sie durch eine Tabelle mit den Kalorienwerten einzelner Handlungen. Danach verbraucht man beim alltäglich ausgeübten Intimverkehr hundertfünfundzwanzig Kalorien, beim ekstatischen ganze zweihundert. Beim »Umzug auf unbenutzte Bettseite« verbraucht man vierzehn. Man braucht also nur fünfzehnmal von einer Bettseite auf die andere zu rücken – und man hat für die Schlankheit mehr getan als mit dem besten Beischlaf. (Ich möchte jedoch nicht den Eindruck erwecken, daß ich das Sich-

im-Bett-Wälzen als Ersatz für Sex empfehle – für Sex und fürs Essen würde ich nie einen Ersatz empfehlen.)

Machen wir aufgrund einer Tabelle aus der Zeitschrift eine kleine Rechnung, wieviel Kalorien man im Liebesbett auf einmal verbrauchen kann:

Umarmung	4 Kalorien
Küssen, leidenschaftlich, etwa 10 × 11 Kal	110 Kalorien
Küssen, normal, etwa 10 × 3 Kal	30 Kalorien
Liebesspiel, heftig und gekonnt	8 Kalorien
Entkleiden des Partners im Winter	15 Kalorien
Seufzen, sagen wir 6 × 3 Kal	18 Kalorien
Intimverkehr, ziemlich heftig	148 Kalorien
Echter Orgasmus	40 Kalorien
Suche nach einem Handtuch	10 Kalorien
Dankesbezeugungen 3 × 3 Kal	9 Kalorien
insgesamt	392 Kalorien

Umzug auf unbenutzte Bettseite gehört meiner Meinung nach nicht in die Rechnung, ebensowenig wie die Heimkehr. Es sind individuelle Größen, je nach der Entfernung des Liebesbettes vom Schlafbett unterschiedlich und von der Wahl des Verkehrsmittels abhängig.
Bei langjährigen Partnern wird der Kalorienverbrauch etwas geringer sein, bei neuen etwas höher. Rechnen wir also zwischen dreihundertfünfzig und vierhundert Kalorien. Um ein Kilo abzunehmen, muß man aber siebentausend Kalorien verbrauchen.
Das »Guter-Hahn«-Rezept ist also genauso unwirksam wie alle anderen Abmagerungskuren. Es ist aber das sympathischste von allen, die ich je gelesen habe. Zum erstenmal seit langem wurde hier eine raffinierte Propaganda für dicke Männer gemacht. Die Frauen sind, wie bekannt, barmherzig, schlankheits- und missionsbewußt.
Ich hoffe, daß mehrere Frauen sich jetzt gern aufopfern werden, um einem dicken Mann beim Versuch zu helfen, nach dem Hahn-Rezept schlank zu werden.

Umgang mit intellektuellen Frauen

Intellektuelle Frauen sind nicht abzulehnen. Man soll sie lieben, denn sie brauchen es vielleicht noch mehr als die anderen. Sie sind Frauen, auch dann, wenn sie vorhaben, bessere Männer zu sein.

Das verbreitete Vorurteil, daß ein blondes Geschöpf ohne Intelligenz mehr Spaß bringt – man findet diese Behauptung schon im Buch über den braven Soldaten Schwejk –, ist ein Vorurteil. Es gibt ja auch Pausen – die werden mit dem zunehmenden Alter immer länger, und man kann sie nur mit Gesprächen sinnvoll füllen. Eine Frau, mit der man sich nicht unterhalten kann, macht auf die Dauer keinen Spaß. Auch nicht für die Dauer einer Nacht.

Es ist zwar nicht jedermanns Hobby, nach Mitternacht Gespräche über Joyce, Zwölftonmusik oder altchinesische Miniaturen zu führen beziehungsweise die sozialwirtschaftliche Situation der Insel Tombo-Mombo zu analysieren. Aber es ist immer noch besser, als über Popsänger, Fernsehkrimis und Mode zu reden. Zumal das letzte Thema auch finanziell gefährlich werden kann.

Für Herren, die nicht mehr unbedingt jugendlich und sportlich aussehen und sind, haben intellektuelle Frauen den großen Vorteil, daß sie auch innere Werte zu schätzen wissen und daß sie sich nicht nur mit handfesten, harten Argumenten, sondern auch mit logischen, quasilogischen und vor allem ideologischen überzeugen lassen.

Gebildete Frauen sind auch die besseren Geliebten, weil sie aufgeweckter sind, mehr Phantasie und manchmal sogar mehr Intelligenz als die anderen besitzen. Ein Liebesakt ist ja für beide Seiten die härteste Intelligenzprüfung. Eine Prüfung, bei der der Mann nicht mogeln kann und die Frau nur, wenn sie sehr intelligent ist.

Die Sprachgewandtheit ist freilich oft mit Redseligkeit verbunden, und dies ist nur dann ein Vorteil, wenn man auch selbst lieber nur reden möchte. In dem anderen, also in dem normalen Fall, muß man mit dem Gespräch vorher sehr vorsichtig sein, denn es könnte sonst zum Gespräch anstatt werden. Tiefsinnige Themen soll man sich grundsätzlich für die Zeit hinterher reservieren. Vorher sind nur tiefsinnliche Gespräche zu empfehlen.

In der Einleitungsphase sind vor allem ideologische Gespräche zu meiden. Die Dame kann nämlich dabei zu dem Schluß kommen, daß die Ansichten des Herrn über Klassenkampf, Gott, Frauenemanzipation, Yoga, Literatur oder Psychologie falsch seien, und ihre schon getroffene positive Entscheidung ändern. Aber auch wenn man keinen ideologischen Schnitzer macht, kann eine Unterhaltung über die Berechtigung der Revolution und revolutionäre Strategie dazu führen, daß sich die geistvolle Frau erst gegen sechs Uhr morgens auf ihre Sinne besinnt, wenn man selbst nur noch den Schlaf im Sinn hat.

Das Verführungsmittel Nummer eins – Alkohol – soll man bei gebildeten Frauen mit viel Bedacht einsetzen,

streng dosiert. Denn – um einen Aphorismus von Stanislaw Jerzy Lec abzuwandeln – Alkohol und Ideologie vertragen sich nicht: Wenn man in jemand Alkohol reingießt, kommt Ideologie raus. Und das bedeutet immer zumindest eine Verzögerung.
Das größte Problem bei intellektuellen Frauen ist, daß sie viel mehr Probleme als alle anderen Menschen haben: nämlich die weiblichen und die der Intellektuellen. Dazu sind die meisten von ihnen in Probleme verliebt und können ohne sie nicht leben.
Falls Sie sich auf ihre Probleme nicht einlassen, ist ihr Erfolg problematisch. Wenn Sie sich aber auf sie einlassen, ist er noch problematischer: Probleme haben nicht die Eigenschaft, die Lust zu steigern. Also: Man muß die Probleme der Partnerin akzeptieren, aber das Gespräch über sie aufs Hinterher verlegen.
Nach einem gelungenen Liebesakt werden ohnedies alle Probleme geringer und leichter.
Das schöne Gespräch mit einer intellektuellen Partnerin hinterher entlohnt den Mann für alle Schwierigkeiten des Vorhers. Und wenn man ein wenig geschickt ist, kann man dieses Gespräch nach Herzenslust oder -unlust kürzen oder ausdehnen.

Die männliche Lüge

Die Behauptung, daß Männer lügen, selbst von einem Mann ausgesprochen, enthält nicht jene dialektische Widersprüchlichkeit des altgriechischen Paradeparadoxons »Alle Kreter lügen«. Es wird ja nicht behauptet, daß *alle* Männer *immer* lügen. Dies wäre ja gelogen – jedermann weiß, daß man ab und zu die Wahrheit sagt, und sei es aus Bequemlichkeit oder aus Mangel an Phantasie. Lüge ist ein schöpferischer Akt, sie bedarf einer gewissen Anstrengung des Geistes, die ein normaler Mensch nur dann auf sich nimmt, wenn es ihm einen Vorteil bringen könnte. Ich kann keinen Vorteil davon haben, wenn ich sage, daß Männer lügen, man kann mir also diesmal glauben.

Warum sollen die Männer auch nicht lügen? Die Frauen und Kinder lügen ja auch, alle Menschen lügen. Sogar Tiere lügen – sie haben eine Menge Tricks, um ihre Artgenossen zu täuschen, wie ich gelesen habe –, obwohl sie es viel schwerer haben als wir, weil sie weder reden noch schreiben können und noch dazu über keine Massenmedien verfügen. Würden wir Männer nicht lügen, wäre dies eine Bankrotterklärung, ein Zeichen der abgrundtiefen Minderwertigkeit unseres Geschlechts.

Die Behauptung, daß Männer lügen, ist also absolut banal und keineswegs sensationell. Als kleine Sensation

gab sich dagegen die Zeitungsnotiz aus, die über die Studie eines Psychologen der Universität von Kalifornien zum Thema »Männliche Lügen« berichtete. Der Professor fand angeblich die drei wichtigsten Lügen der Männer heraus: Sie geben mit ihrer Körpergröße an – keiner will unter hundertachtzig Zentimeter sein; sie geben an, sie würden sich mit dem Motor ihres Wagens bestens auskennen – den Mechaniker rufen sie immer nur aus Arbeitsbeschaffungsgründen; sie sagen jeder Frau »Gut siehst du aus!«.
Falls der Autor der Notiz nicht gelogen hat, als er behauptete, die Studie studiert zu haben – es konnte ja durchaus ein Mann gewesen sein –, dann hat der Psychologe gelogen, daß er eine Untersuchung durchgeführt hatte. Selbst eine Befragung unter lauter unverheirateten Teenagern konnte nicht zu solch harmlosen Ergebnissen führen; und selbst ein Psychologe mit drei Doktortiteln kann nicht so weltfremd sein zu glauben, daß die oben erwähnten die drei wichtigsten Männerlügen wären. In einer so heilen Welt möchte man leben!
Die Angeberei mit der Körpergröße – erbärmlich der Mann, der nichts Besseres zum Angeben hat! – wird doch auf den ersten Blick entlarvt. Auch die angeblichen Motorkenntnisse sind leicht zu überprüfen...
Die Phrase »Du siehst gut aus!« an eine Frau gerichtet, ist überhaupt keine Lüge. Jede Frau sieht gut aus, wenn ein Mann es ihr sagt. Wann immer ein Mann dieses Kompliment macht, sagt er die Wahrheit – auch dann, wenn er glaubt, gelogen zu haben.
Eine richtige Umfrage mit Beteiligung von einigen verheirateten Männern hätte ein ganzes Arsenal von gewichtigeren Lügen zutage gebracht – obwohl Ehemän-

nerlügen im großen und ganzen auch nicht schwer wiegen. Meist sind es Notlügen oder Lügen aus Barmherzigkeit.

Die schönste davon hatte sich Herr Breitfuß ausgedacht, als er um vier Uhr morgens nach Hause kam: Er erzählte seiner Gattin eine dramatische und abenteuerliche Geschichte darüber, wie ihn eine mondäne Rothaarige im Kaffeehaus angesprochen, in ihre Wohnung gelockt und verführt hatte. »Schämst du dich nicht«, meinte Frau Breitfuß, »mir nach zwanzig Jahren Ehe solche Geschichten zu erzählen? Du hast schon wieder mit deinen lieben Freunden gepokert – wieviel hast du verloren?«

Die wirklich großen Lügen der Politiker, der Moralisten, der Weltverbesserer und der Gurus sind nicht geschlechtsspezifisch.

Eine supergroße Männerlüge gibt es aber wirklich – die Lüge von der Männerherrschaft. An diese Lüge, obwohl sie jeden Tag millionenfach widerlegt wird, glauben die meisten Männer, und sogar manche Frauen. Zur Wahrheit kann sie nur in einem Fall werden: wenn eine feministische Revolution alle offiziellen Machtpositionen mit Frauen besetzt. Dann könnten die Männer endlich an die wirkliche Herrschaft gelangen: an die Macht im Hintergrund.

Alt wird man nicht

Warum haben die Menschen eine solche Angst vor dem Altern? Ich meine nicht die Angst vor dem Tod, sondern eben vor dem Altsein. Ich bin überzeugt, daß wir nicht durch das Alter alt werden, sondern durch die Angst, alt zu werden.

Es ist etwa so wie in dem alten jüdischen Witz: Ein Mann kommt zum Rabbi und sagt: »Rabbi, ich bin dumm. Was soll ich tun?«

»Wenn du weißt, daß du dumm bist, dann bist du doch nicht so dumm«, meint der Rabbi.

»Na ja, alle Leute sagen aber, daß ich dumm bin!«

»Wenn du dir selbst nicht glaubst«, antwortete der Rabbi, »und hörst darauf, was andere sagen, dann bist du tatsächlich dumm!«

Diese Geschichte wird auch stimmen, wenn man »alt« statt »dumm« einsetzt.

Wenn zwei Menschen das gleiche Alter erreichen, kann einer alt werden und der andere ist nur um eine entsprechende Anzahl von Jahren länger jung. Alt werden nur Menschen, die genug Zeit dafür haben, weil sie nichts anderes zu tun haben. Wer aktiv bleibt, hat keine Zeit zu altern.

Die Zeitungen bringen unentwegt als Sensation Berichte über alte Menschen, die irgendwelche sportlichen

Glanzleistungen vollbrachten. Ich selbst kannte einen Mann – einen Meter sechzig groß und etwa hundert Pfund schwer –, der in Kirgisien lebte und noch mit Fünfundsiebzig Expeditionen in den Pamir führte, die bisher unbezwungene Gipfel eroberten. Dies ist alles keine Sensation: Er hat das nämlich nicht trotz seines Alters geschafft, sondern hatte eben keine Zeit, alt zu werden, weil er noch vorhatte, irgendwelche jungfräulichen Gipfel zu erklimmen.

Meiner Meinung nach ist ein lebendig gebliebener Geist noch wichtiger als ein jung gebliebener Körper. Die Geistesstärke allein ermöglicht zwar nicht, den Ärmelkanal zu durchschwimmen oder auf den Mount Everest zu steigen – ermöglicht aber so viele andere Aktivitäten, daß für das Schwimmen oder das Steigen sowieso keine Zeit bleibt. Es gibt eine russische Redewendung: »Woran hält sich die Seele nur?«, die man auf gebrechliche, körperlich schwache oder schmächtige Menschen bezieht. Ich bin geneigt zu fragen: »Woran hält sich der Körper nur?«, wenn ich Leute mit verkümmertem Geist treffe, mag ihre leibliche Hülle noch so imposant sein.

Man kann nicht verbergen, daß der Körper altert. Ich bin zum Beispiel heute um dreißig Kilo älter als vor dreißig Jahren. Gerade vor diesem Alter sollte man aber keine Ehrfurcht haben – der Körper schafft in jedem Alter noch so manches, wenn man nicht durch Selbstmitleid und Mangel an Selbstvertrauen den Geist verängstigt und somit den ganzen Organismus lähmt. Und wo eben die Muskeln nicht mehr so ergiebig sind wie früher, kann der Geist einspringen, wenn er es kann. (Ich spreche jetzt nicht nur vom Sex.)

Früher nannte man einen Fünfzigjährigen »ehrwürdiger Greis«. Ich habe meinen fünfzigsten Geburtstag lange hinter mir und weiß noch nicht einmal, ob ich schon erwachsen bin (falls jemand weiß, was das ist). Auf die Frage, wie man sich als ... jähriger fühlt – diese Frage ist das verbreitetste Geburtstagsgeschenk –, muß man antworten: Je nachdem, wie alt man in diesem Alter ist.

Schläge – ja oder nein?

Schon im frühen Vorschulalter des Kindes werden die Eltern mit der prinzipiellen pädagogischen Frage konfrontiert, die sich erst etwa im fünfzehnten Lebensjahr der Knaben und dem achtzehnten der Mädchen von allein löst – mit der Frage des Schlagens. Theoretisch ist es noch immer umstritten, ob sich die Eltern von den Kindern schlagen lassen sollen oder nicht.
Unaufgeklärte Eltern, die ihre physische Überlegenheit dazu ausnutzen, ihren Kindern die Erfüllung dieses natürlichen Wunsches zu verweigern, verursachen oft schwere psychische Schäden. Die angestauten Aggressionen brechen im späteren Alter durch und führen mitunter zu gesellschaftsfeindlichen Handlungen. Auch das Vertrauensverhältnis zwischen Kindern und Eltern leidet darunter, ja so ein in seiner Handlungsfreiheit eingeschränktes Kind kann sein Vertrauen zur Welt überhaupt verlieren – wenn man nicht einmal seine eigenen Eltern schlagen darf, wen dann?!
Es gibt aber auch Theoretiker, die behaupten, daß Eltern, die unwidersprochen Schläge von den Kindern hinnehmen, ihnen ein falsches Weltbild vermitteln. Das Kind wird somit auf die harte Wirklichkeit unseres Gesellschaftssystems nicht vorbereitet, in dem man sich das Recht, andere zu schlagen, erst erkämpfen muß.

Da von beiden Seiten überzeugende Argumente vorgebracht werden und die Folgen einer falschen Entscheidung schwerwiegend sein können, ist es hier nicht leicht, einen Kompromiß zu finden. Mir scheint, daß wir nur ein minimalistisches Programm proklamieren können: Man muß den Eltern ein Recht auf Notwehr zubilligen. Man muß wohl ab und zu eine Notwehrohrfeige seitens des Vaters zulassen, auch wenn die Gefahr besteht, daß sie das Kind zu einem verklemmten Sadisten machen kann. Auch die Interessen der Eltern müssen berücksichtigt werden, zumal der heutige Trend der Familienplanung bewirkt, daß die Eltern den Kindern gegenüber bald in der Mehrheit sein werden.
Wie gesagt, das Problem löst sich von allein, sobald die Knaben etwa fünfzehn und die Mädchen etwa achtzehn werden: Zu dieser Zeit verändern sich die Kräfteverhältnisse in der Familie so, daß sich die Eltern, auch wenn sie es wollen, ihrer Kinder mit herkömmlichen Mitteln nicht mehr erwehren können.
Vorsichtigen Vätern und Müttern kann man nur empfehlen, rechtzeitig Judo- oder Karatekurse zu absolvieren oder einen Waffenschein zu beantragen.
Ich muß jedoch an dieser Stelle die vom pädagogischen Standpunkt bedauerliche Tatsache beklagen, daß selbst theoretisch gebildete Eltern in dieser Frage nicht immer konsequent sind. Es gibt sogar Gerüchte, daß die Autorin eines Buches über antiautoritäre Erziehung ihren siebenjährigen Sohn verkloppt hat, als er ihr einige – übrigens schwache – Faustschläge erteilte, obwohl der Junge im Recht war: Sie hat ihn nämlich beschimpft, weil er das Manuskript ihres Buches im Kamin verbrannte.

Die Väter sind schuld

Natürlich sind die Väter an allem schuld – fragen Sie jeden beliebigen jungen Mann zwischen dreizehn und Mitte zwanzig, er wird es Ihnen erklären. Wahrscheinlich auch jede junge Dame, ich weiß es nicht, weil ich mit Damen dieser Altersstufe keine Erfahrungen habe.

Der Vater ist daran schuld, daß er den jungen Mann in die Welt gesetzt hat. »Hab ich dich etwa darum gebeten?« fragt der Sohn rein rethorisch, denn er hat tatsächlich nicht darum gebeten. Und die Welt, in die der Sohn ungefragt gebracht wurde, ist ja die schlechteste von allen, die er kennt! Das war schon immer so.

Die versöhnlichsten unter den jungen Menschen sind vielleicht sogar bereit zuzugeben, daß die Welt heute möglicherweise in mancher Hinsicht besser ist als früher. Na und? Das waren andere Zeiten, was geht *sie* das an?

Und wer hat die Welt so gemacht, wie sie ist? Selbstverständlich die Väter. Sie sind schuld, weil sie alles falsch und schlecht gemacht haben. Das eventuell vorhandene Gute ist ja eine Selbstverständlichkeit, entstand also ohne das Zutun der Väter. Sie hätten auch unmöglich am Guten mitwirken können, weil sie mit dem Anrichten des Unheils offensichtlich voll beschäftigt waren.

Ist der Vater streng und autoritär, ist er an Frustrationen des Sohnes schuld und auch daran, daß der Sohn seine Persönlichkeit nicht frei entfalten konnte. Ist er nicht streng, ist er an allem schuld, was der Sohn in der Kindheit und Jugend versäumt hat. »Warum hast du mich damals nicht dazu gezwungen?!« ist ein genauso starkes Argument wie »Du hast mich damals dazu gezwungen!« Außerdem verursacht auch der nichtstrenge Erzieher bei seinem Sohn Frustrationen, weil er ihm keinen Grund gibt, gegen den Vater zu rebellieren – es ist ganz schön frustrierend, sich auch noch die Gründe für die Rebellion ausdenken zu müssen. Schafft der Vater für den Sohn keinen Wohlstand, ist er schuldig. Hat er ihm Wohlstand verschafft – das ist doch heute normal! Der Vater will sich ja nur mit dem Geld freikaufen, um sich sonst um den jungen Mann nicht kümmern zu müssen. Kümmert er sich dennoch, ist er ein Tyrann, der die private Sphäre seines Sohnes einengt.

Egal, was die Väter tun oder lassen, sie sind immer schuld.

Es war schon immer so, nur gab es früher nicht so viele gelehrte Worte für die Rebellion und soviel Freiheit, sie hinauszuschreien. Diese Wortmunition liefern übrigens den jungen Jungen viel ältere Jungs, die glauben, dadurch jünger zu werden, wenn sie sich bei den Jungen einschmeicheln; oder sie verdienen einfach mit diesem Waffenhandel ihre Brötchen.

Die meisten Söhne sprechen ihre Väter spätestens dann von deren Schuld frei, wenn sie selbst Väter werden. Einige können es jedoch auch dann nicht tun, aus beruflichen Gründen, weil sie inzwischen professionelle Rebellen geworden sind.

Junge Menschen dürfen die Welt der Väter nicht gut finden, sonst müßten sie das ungute Gefühl haben, daß sie unverdient ein besseres Leben genießen als ihre Vorfahren. Und sie müßten auf das erhabene Gefühl verzichten, daß sie die Welt einmal besser einrichten werden – wenn sie die Väter loswerden, die sie daran hindern.

Das Problem ist nur, daß sie zu dieser Zeit schon selbst Väter sind.

Als Vater hat man in dieser Auseinandersetzung zwei schwache Punkte: Erstens gibt es Situationen, in denen die Söhne mit all ihrer Intoleranz recht haben – zum Beispiel die Söhne jener Väter, die ein unmenschliches Regime aufgebaut, unterstützt oder nur zugelassen haben. Zweitens: Die Söhne behalten in der Diskussion der Generationen immer recht – auch wenn sie nicht ganz recht haben –, weil sie den längeren Atem haben. Buchstäblich.

Die Sorgen mit dem IQ

Die Frage der minderen oder höheren Intelligenz der Menschen ist wohl nicht das wichtigste Problem der Menschheit, denn es wurde niemals bewiesen, daß intelligente Menschen besser oder schlechter wären als die anderen oder auch nur klüger. Die Intelligenz, so wie sie bei den IQ-Tests gemessen wird, ist nur die Fähigkeit, Aufgaben schneller zu begreifen und zu lösen. Da dabei nicht spezifiziert wird, um welche Art von Aufgaben es sich handelt, wird die ganze Sache relativiert. Dennoch, ganz ohne Bedeutung ist die Intelligenz nicht, und sie ist nun einmal mein Lieblingsthema.

Gegen das spöttisch-verständnisvolle Lächeln an dieser Stelle muß ich mich wehren: Es handelt sich hier weder um Prahlen mit einem besonders hohen IQ noch um sehnsüchtiges Maskieren seines Nichtvorhandenseins – ich habe mich vorsichtshalber nie testen lassen.

Der Heidelberger Psychologieprofessor Franz Emanuel Weinert stellte fest, daß die neuen Generationen immer leichter mit den Tests fertig werden, also intelligenter sind; und das, obwohl sich – wie Professor Weinert sagt – die Intelligenz eines Menschen mit dem zunehmenden Alter entwickelt. (Dies letztere behaupteten übrigens schon die Alten im Altertum.) Woher kommt das, daß die Jungen immer intelligenter werden? Mit der

darwinschen natürlichen Selektion kann man das in der heutigen Zeit kaum erklären. Sollten wir auch annehmen, daß die Intelligenteren – auch heute – die besseren Überlebenschancen haben und zumindest statistisch länger leben, worüber man noch lange streiten könnte, bedeutet das noch nicht, daß sie dadurch mehr Kinder in die Welt setzen, also ihr Erbgut breiter streuen. Dies wird von praktischen Statistiken widerlegt.
Man müßte vielleicht die Antwort bei den Antidarwini-

sten suchen, die den Einfluß der Lebensbedingungen für entscheidend halten: Das Leben ist heute so schwierig geworden, daß es mehr Intelligenz erzwingt. Auch das kann nicht ganz stimmen, weil es nicht bewiesen wurde, daß Intelligenz heute das Leben erleichtert.
Vielleicht haben die neuen Generationen in ihrem Organismus irgendeinen Intelligenz- beziehungsweise Antiteststoff entwickelt, so wie Insekten und Bakterien

Stoffe entwickelten, die sie gegen DDT und Antibiotika immun machen.

Eigentlich sollten wir Älteren uns freuen, daß die Jungen intelligenter sein werden als wir. Vielleicht werden sie leichter Probleme lösen können, mit denen wir nicht fertig werden. Diese Hoffnung ist aber so alt wie die Menschheit – das Phänomen des Intelligenzzuwachses beim Nachwuchs kann auch nicht viel jünger sein –, die Geschichte hat jedoch bisher diese Hoffnung keineswegs überzeugend bestätigt. Die neuen Generationen setzen anscheinend ihre höhere Intelligenz nicht besser ein als die älteren ihre mindere.

Noch eine Tatsache trübt meine Freude: Es ergeht uns mit unserer Intelligenz wie den Rentnern mit ihren Ersparnissen. Sie haben ein Leben lang hart gearbeitet und den Gegenwert von soundso vielen Arbeitsstunden gespart; mit jeder Lohnerhöhung werden ihre Ersparnisse entwertet, weil sie jetzt weniger Arbeitsstunden darstellen.

So sammeln wir mühsam im Laufe der Jahre unsere Intelligenz – und dann kommen Generationen zur Welt, die gleich eine höhere haben.

Daß dies nicht nur abstrakt philosophische Probleme mit sich bringt, weiß jeder, der einen Teenager zu Hause hat und bei allen zermürbenden Diskussionen (wir sind ja Demokraten!) allein auf die Hilfe seines veralteten IQ angewiesen ist.

Es freut mich nur, daß die Söhne unserer Söhne intelligenter sein werden als diese – und ihnen alles heimzahlen werden.

Gesunde Steuern

Ein Arzt aus Marburg erklärte in einem Leserbrief, daß für die Kostenexplosion im Gesundheitswesen diejenigen leichtsinnigen Menschen mitverantwortlich sind, die nicht gesundheitsbewußt leben, und er schlug vor, diese unverantwortlichen Mitverantwortlichen mit Steuern zu belegen: Mit einer Gesundheitssteuer auf Tabak und Alkohol und mit einer Kostenbeteiligung bei Übergewicht.

Der Doktor hat recht. (Mediziner haben übrigens immer recht, und wenn sie sich ausnahmsweise einmal irren, zeigt es sich erst bei der Obduktion.) Er ist nur nicht konsequent genug. Warum soll man nur Tabak, Alkohol und Übergewicht besteuern?

Die Menschen leben ja überhaupt nicht gesundheitsbewußt. Allein die Entscheidung zu leben ist leichtsinnig – und ich meine es jetzt nicht politisch, sondern gesundheitsbewußt: Denn jeder, der lebt, kann mal krank werden – auch ein Nichtraucher, Abstinenzler und Diät-Naturköstler. Es wäre also erforderlich, auch das Leben als solches mit einer Steuer zu belegen.

Kinder zu zeugen ist auch nicht sehr gesundheitsbewußt. Die Schwangerschaft und die Geburt bringen Gesundheitsrisiken mit sich und dazu noch das Risiko von Kinderkrankheiten.

Man darf auch nicht vergessen, daß mit jedem neuen Menschen die Zahl der potentiellen Patienten wächst. Allerdings Kinder nicht zu zeugen ist auch riskant, denn Kinderlosigkeit kann manche Frauenkrankheiten und psychische Störungen bei beiden Geschlechtern verursachen. Fazit: Eine allgemeine Kinder- und Kinderlosigkeitssteuer für alle Bürger über vierzehn.
Die meisten Menschen gefährden leichtsinnig ihre Gesundheit durch Arbeit. Jede Arbeit schadet auf irgendeine Weise. Vielleicht nur Schafhirten, Förster und Gebirgsbauern haben einen Beruf, der gesünder ist als die anderen. Man kann jedoch nicht alle Menschen zu Hirten machen – das würde zur Überproduktion von Fleisch, also zur Völlerei und Übergewichtigkeit führen. Außerdem sind auch die Hirten bei ihren Bergwanderungen bei jeder Wetterlage nicht ganz ohne Gesundheitsrisiko. Also – auch eine Steuer auf Arbeit ist fällig. Zum Teil existiert sie schon in der Form von Steuerprogression.
Die Städter müßten für das ungesunde Wohnen in der Stadt besteuert werden. Die Sportler für das gefährliche Überanstrengen ihrer Organismen. Die Nichtsportler für das Vernachlässigen der Instandhaltung ihrer Körper.
Aus demselben Grund müßten Leute besteuert werden, die nicht regelmäßig zum Arzt gehen. Aber auch Menschen, die regelmäßig ihren Arzt besuchen, müßten dafür Steuern zahlen. Erstens verursachen sie schon mit dem Besuch Mehrkosten. Zweitens, der Arzt findet bei der Untersuchung immer etwas, womit sie sonst – hätten sie den Arzt nicht aufgesucht – noch hundert Jahre ruhig und ohne Arztkosten hätten leben können.

Wer weit von einem Arzt wohnt, soll dafür zahlen, weil bei ihm das Risiko, daß er ernstlich erkrankt, größer ist. Wer in der Nähe von Ärzten lebt, muß auch zahlen, weil er sie häufiger besuchen kann und somit mehr Geld für seine Gesundheitspflege beansprucht.

Würde man alles aufzählen, könnten etwa hunderttausend neue Steuern entstehen. Man könnte aber dann die Ärzte, die bei soviel Gesundheitsbewußtsein weniger Arbeit haben werden, mit der Steuereinziehung beschäftigen.

Es besteht natürlich das Risiko, daß die medizinischen Steuerpfänder angesichts so hoher Einnahmen, die zum großen Teil für ihre Honorare bestimmt sind, vor Freude verrückt werden. Deshalb müßten sie eine besonders hohe Gesundheitsrisikosteuer zahlen.

Das Recht, dick zu sein

Ich bestellte mir einmal einen Meinungsknopf mit der Aufschrift »Ich bin dick. Na und?!« Denn es ist mir zuwider, immer wieder dieselben Reden zu hören: »Mensch, du bist wieder dicker geworden! Mach doch was dagegen.« Ich habe überhaupt keine Lust, etwas dagegen zu tun. Ich fühle mich bei meiner Üppigkeit genauso wohl wie die Twiggy mit ihrer Magerkeit, obwohl ich mit meinem Leibesumfang kein Geld verdiene.

Jemanden wegen seiner Beleibtheit zu tadeln ist nicht nur taktlos, sondern auch unlogisch. Ist die Üppigkeit eine normale Sache, gibt es darüber nichts zu reden. Ist es eine Krankheit oder ein organischer Fehler – sagen wir dann etwa: »Mensch, dein Kropf ist wieder gewachsen!« oder: »Du hinkst schon wieder stärker!«? Ist es ein Schönheitsfehler – sagen wir doch niemandem: »Mensch, du hast aber eine lange Nase!« Oder: »Fräulein, wie kommt es, daß Sie keinen Busen haben!«

Ich weiß nicht, warum ich nicht dick sein sollte. Ich will ja nicht in den Bäumen umherhüpfen, ich träume nicht von der Karriere eines Sprinters oder eines Ersten Liebhabers im Theater. In meinem Beruf stört mich meine Wohlbeleibtheit nicht.

Die Demokratie erkennt das Recht jedes Menschen an

zu sein, wie er ist. Der Mensch darf eine Frau sein, ein Neger, ein Nudist, ein Radikaler, ein Yoga-Anhänger, und kein vernünftiger Mensch wird ihm einen Vorwurf daraus machen. Nur den Dicken billigt man nicht das Recht zu, dick zu sein, man greift sie an in privaten Gesprächen und in Zeitungsartikeln, man hetzt gegen sie in Werbekampagnen.

Dicke aller Gewichte vereinigt euch zur Verteidigung eurer Rechte! Die Statistiken zeigen, daß wir in allen zivilisierten Ländern gegenüber den Mageren in der Überzahl sind – warum sollen wir uns dann diese Verfolgung gefallen lassen?

Fettleibigkeit ist angeblich dem Schönheitsideal zuwider. Aber: Erstens war es nicht immer so. Bei vielen orientalischen Völkern ist die Üppigkeit des Leibes ein Zeichen von Schönheit und Ehrwürdigkeit. Die Venus von Milo und Homers Helena waren keine Bügelbretter, ebensowenig wie die Schönen von Rubens. Wenn sich das Schönheitsideal in der Vergangenheit verändern konnte, so kann es das auch heute.

Zweitens: Wann hat man schon streng nach den Idealen gelebt? Im zwanzigsten Jahrhundert werden die Ideale der Gerechtigkeit, der Humanität, der Moral, der Freiheit verletzt – warum soll ausgerechnet das Schönheitsideal eine Ausnahme bilden?
Letzten Endes können sich das Liebesobjekt nach idealen Vorstellungen nur die Onanisten leisten und hier und da irgendein Millionär. Die anderen lieben Männer und Frauen, wie sie ihnen das Leben bietet. Überlassen wir die Ideale den Teenagern. Die werden diesen Idealen entwachsen, sobald sie sich ans Leben gewöhnt haben und dick werden.
Und drittens: Wer denkt die Schönheitsideale aus? Früher waren es die schwindsüchtigen, verhungerten Poeten, die eine Frau nur aus dem Blickwinkel ihres Kellerfensterchens kannten. Jetzt machen es kleine, kahlköpfige Filmproduzenten bei einem üppigen Diner in einem teuren Restaurant. Ich verstehe nicht, warum wir die Opfer fremder Komplexe sein sollen!
Ärzte haben wissenschaftlich bewiesen, daß Fettleibigkeit nicht gesund ist. Mit Polizisten und Ärzten soll man nicht diskutieren, und ich habe auch nicht genug wissenschaftliches Material zur Verfügung, um ihre Behauptungen in Zweifel zu ziehen. Ich kann mich nur auf ein altes polnisches Sprichwort stützen: »Ehe der Dicke abmagert, verhungert der Dünne.«
Es gibt im Leben viele Dinge, die nicht gesund sind, und doch verzichten wir nicht auf sie. Es ist viel gesünder, zu Fuß zu gehen, als in Autos und Flugzeugen zu fahren; es ist nicht gesund, in einer Fabrik zu arbeiten, und es ist nicht gesund, in einem Büro zu arbeiten; es ist nicht gesund, bis spät in die Nacht Bücher zu lesen und bis in

den Morgen hinein in der Bar zu tanzen; Kino und Fernsehen schaden den Augen, das Leben in der Stadt schadet den Nerven. Das Leben an sich ist überhaupt nicht gesund, weil es garantiert zum Tode führt.
Das gesündeste Leben führten zweifellos unsere urzeitlichen Ahnen. Sie waren immer in der freien Natur, atmeten eine Luft, die nicht von Ruß und Auspuffgasen vergiftet war, sie liefen mindestens zwölf Stunden am Tag zu Fuß und ernährten sich von kalorienarmen Wurzeln und Würmern. Und trotzdem starben sie jung.
Es ist kein Zufall, daß alles, was heute für ungesund erklärt wird, Früchte der Zivilisation, Ergebnisse der vieltausendjährigen Bemühungen der Menschheit sind. Heutzutage, da der menschliche Organismus nicht fähig ist, sich den Zivilisationsveränderungen schnell genug anzupassen, gehen die Rezepterfinder den Weg des geringsten Widerstandes. Anstatt sich den Kopf darüber zu zerbrechen, wie der menschliche Organismus den heutigen Bedürfnissen und Möglichkeiten anzupassen ist, versuchen sie, das heutige Leben dem Organismus eines urzeitlichen Jägers oder Wurzelsammlers anzupassen.
Sollen wir also sagen, daß unsere Ahnen ihre eigenen Feinde waren, als sie feste Häuser, mechanische Verkehrsmittel und verschiedene Speisen erfanden, sollen wir das alles vernichten und auf die Bäume klettern, um uns von Holzäpfeln zu ernähren?
Der erste urzeitliche Gourmet, der entdeckt hat, daß man das Fleisch im Feuer braten kann, war wahrscheinlich wenn schon kein Dicker, so doch mindestens mit der Neigung zur Dicklichkeit begabt. Er ist nicht nur zum Begründer der Gastronomie geworden, er hat

durch seine Entdeckung einer nahrhafteren und bekömmlicheren Kost die schnellere Entwicklung des menschlichen Organismus und vor allem des menschlichen Gehirns ermöglicht.
Dicklich war vermutlich auch der Mann, der nicht gerne lief und darum das Rad erfand, die Grundlage der späteren Technik. Und ganz bestimmt war derjenige unserer Ahnen dick, der die Sänfte erfand und zwei Dünne dazu brachte, ihn zu tragen – damit leitete er die Entwicklung der gesamten gesellschaftlichen Organisation ein, bis hin zu den politischen Parteien, Regierungen und internationalen Institutionen.
Ich möchte mich nicht auf eine Untersuchung der Rolle der Dicken in der Geschichte der Menschheit einlassen, weil man in der Geschichte für alles genügend Beispiele finden kann, positive wie negative. Balzac und Einstein waren nicht sehr mager, Napoleon war klein und dick, aber auch Stalin war nach dem Zeugnis von Milovan Djilas klein und hatte einen großen Bauch, obwohl man das auf den offiziellen Bildern nicht zeigen durfte. Dieselbe Mannigfaltigkeit an Beispielen kann man auch unter den Mageren finden. Schließlich begannen die meisten Dicken ihre Laufbahn als schlanke Jünglinge, das kann ich aus eigener Erfahrung berichten.
Der weise Professor Kretschmer teilte die Menschen nach den Körpertypen ein, ohne zu behaupten, es sei besser, ein Astheniker zu sein als ein Pykniker oder umgekehrt. Schließlich ist die sanguinische Natur, die mit dem pyknischen Typ verbunden ist, keine schlechte Eigenschaft. Ein tschechisches Sprichwort behauptet sogar, daß »ein böser Mensch nie dick wird«, weil ihn angeblich seine eigene Bosheit frißt. Aber auch dann,

wenn die Neigung zur Körperfülle nicht angeboren wäre und wenn wir anerkennen sollten, daß es wirklich notwendig ist, immer gegen die Üppigkeit zu kämpfen – welche Mittel bietet man uns? Enthaltung und ständige Kontrolle. Man sollte das ganze Leben der Pflege der Gesundheit unterordnen. Wozu braucht man ein langes Leben, wenn man es nicht nach eigenem Willen verleben darf?

Der chinesische Philosoph Yang-tschu schrieb vor zweieinhalbtausend Jahren: »Hundert Jahre ist die höchste Grenze des Menschenlebens, die von tausend Menschen nur einer erreicht. Die Hälfte dieser Zeit nehmen ihm die ohnmächtige Kindheit und das gebrechliche Greisenalter. Von der übrigen Zeit nehmen ihm der Schlaf in der Nacht und nichtige Angelegenheiten am Tage die Hälfte. Kummer, Sorgen, Verluste und Trauer nehmen ihm gut die Hälfte des Restes. Ich weiß nicht, ob man in den zehn Jahren, die verbleiben, eine einzige sorglose Stunde zum Genuß der Lebensfreuden finden kann.«

In den fünfundzwanzig Jahrhunderten seit Yang-tschu haben sich die Lebensfreuden nicht vermehrt. Das gute Essen ist eine von ihnen und in der heutigen Zeit verhältnismäßig leicht zu haben. Warum sollte man darauf verzichten?

Stanislaw Jerzy Lec sagte: »Die Fetten leben kürzer. Aber sie essen länger.«

Man kann natürlich für alles einen Ersatz erfinden. Es gibt schon viele: Kaffee ohne Koffein, nikotinarme Zigaretten, Petting, Fruchtsaft ohne Früchte, Kakaogetränke ohne Kakao. Vielleicht wird es auch einen Kognak ohne Alkohol geben. Man kann Speisen ohne

Kalorien erfinden, wie man schon längst Speisen ohne Geschmack erfunden und in die Praxis eingeführt hat. Mit Ersatzspeisen kann man einem Ersatzmenschen ein Ersatzvergnügen in einem Ersatzleben bereiten. Dann bin ich lieber dick.

Die Biomathematik, unser Trost

Die Wissenschaftler aller Disziplinen, vor allem aber Mediziner, Ökologen und Statistiker, haben sich als Schreckmacher spezialisiert. Man kann keine Zeitschrift öffnen, ohne einen wissenschaftlichen Schreck zu bekommen, ohne zu erfahren, daß so ziemlich alles, was wir tun – und auch fast alles, was wir zu tun versäumen – lebensgefährlich ist. Das Essen ist gefährlich, das Trinken ist gefährlich, das Rauchen ist gefährlich, Nichtspazierengehen ist gefährlich (Mangel an Bewegung), Spazierengehen ist gefährlich (siehe Straßenunfallquoten), selbst das Atmen ist gefährlich. Die Strafen, mit denen die Wissenschaftler jedes Tun und Lassen belegen, sind unbarmherzig: Infarkt, Impotenz, Altern und immer wieder sinkende Lebenserwartung.

Was soll aber ein Mensch tun, der trotz aller wissenschaftlichen Errungenschaften noch immer lebt und leben möchte, der atmen, essen und trinken muß, rauchen will, der manchmal Lust hat spazierenzugehen und manchmal keine Lust hat spazierenzugehen? Wie kann er sich wehren?

Gegen die Wissenschaft kann man sich nur durch Wissenschaft wehren. Man könnte natürlich zu jeder Behauptung eines Wissenschaftlers die Aussage eines an-

deren Wissenschaftlers finden, die sie annulliert. Das aber ist mühsam, und ich möchte nicht – noch dazu bei dieser dauernd sich vermindernden Lebenserwartung – meine Lebenszeit damit verbringen.
Deshalb habe ich eine neue Wissenschaft gegründet, die Biomathematik. (Falls schon eine Disziplin mit diesem Namen existiert, hat sie mit der meinen nichts zu tun.) Es ist eine sehr einfache Wissenschaft, sie verlangt keine spezielle Bildung, und die notwendigen Investitionen – ein Stück Papier, ein Bleistift und ein paar Minuten Zeit – stehen in keinem Verhältnis zu dem Trost, den meine Wissenschaft bringt.
Die Biomathematik ist sehr praktisch: Sie hat keine theoretischen Grundsätze. Ihre einzige Regel lautet: Nicht erschrecken, sondern nachrechnen.
Mit dieser Regel ausgerüstet, können wir gleich in der ersten Lektion zu der praktischen Applikation der Biomathematik übergehen. Zum Beispiel: In einem Gesundheitsbericht der Bundesregierung steht, daß die Lebenserwartung um achtzehn Prozent sinkt, wenn das Körpergewicht um neun Prozent erhöht ist. Achtzehn Prozent Übergewicht verkürzen die Lebenserwartung fast um die Hälfte.
Bei dieser geometrischen Progression müßte jemand, der dreißig Prozent Übergewicht hat, über hundert Prozent der Lebenserwartung einbüßen, also schon vor der Geburt sterben oder überhaupt nicht gezeugt werden. Ich habe dreißig Prozent Übergewicht und bin schon über Sechzig.
Diese Rechnung ist natürlich demagogisch. Will die Biomathematik seriös bleiben, müssen wir präziser arbeiten. Ich hatte natürlich vor der Geburt kein Überge-

wicht, und mehrere Jahre nach der Geburt sogar ein erhebliches Untergewicht. Um den Wissenschaftlern gegenüber fair zu bleiben, müssen wir mit der Rechnung in dem Moment anfangen, in dem mein Gewicht die Norm überschritten hat.

Wir wollen von der durchschnittlichen europäischen Lebenserwartung ausgehen, da wir keinen Grund haben anzunehmen, daß die Dicken eine überdurchschnittliche haben – das würde alle wissenschaftlichen Behauptungen auf den Kopf stellen –, also von rund siebzig Jahren. Mit Dreißig, als ich statistisch noch vierzig Jahre guthatte, hatte ich schon neun Prozent Übergewicht, also achtzehn Prozent Lebenserwartung verloren. Es blieben mir dementsprechend nur noch knapp dreiunddreißig Jahre. Mit Fünfunddreißig hatte ich achtzehn Prozent Übergewicht. Von der restlichen Lebenserwartung – achtundzwanzig Jahre – ging damit die Hälfte verloren, ich durfte also noch immer vierzehn Jahre leben und neunundvierzig Jahre alt werden. Mit Vierzig hatte ich aber fast dreißig Prozent Übergewicht, womit ich runde hundert Prozent der Lebenserwartung hätte aufgeben müssen. Das heißt, daß ich, wissenschaftlich gesehen, nur aufgrund meiner Fettleibigkeit, mindestens seit 1968 tot bin.

Ich sage »mindestens«, weil ich ein starker Raucher und dem Alkoholgenuß nicht ganz abgeneigt bin; beides, wie bekannt, verkürzt die Lebenserwartung erheblich. Dazu haben noch die Wissenschaftler vor einigen Jahren ausgerechnet, daß jeder intensive Kuß uns acht Minuten Lebenserwartung kostet. Rechnen wir für das alles zusammen, inklusive des Verkehrsrisikos, des ungesunden Lebens in der Großstadt, unregelmäßigen

Lebenswandels, politischen und ehelichen Katastrophen usw., zehn Jahre ab, billiger könnte es nicht einmal für den besten Freund sein.

Dank der Biomathematik konnte ich feststellen, daß ich schon etwa seit 1958 trotz der Wissenschaft lebe, sozusagen auf Kredit. Ist das nicht erfreulich?! Und noch mehr – da ich schon sowieso den Rahmen der wissenschaftlichen Gesetze gesprengt habe, muß ich auf sie nicht mehr achten. Ich kann frei, ohne Schrecken, unwissenschaftlich leben, mögen die Wissenschaftler erfinden, was sie wollen.

Ich kenne keine andere Wissenschaft, die dem Menschen so viel fürs Leben gibt wie meine Biomathematik. Dazu beansprucht sie die bescheidensten Mittel, die jedem zugänglich sind.

Leicht leichter werden

Schlank werden – heute ist das kein Problem. Es gibt so viele Schlankheitskuren, daß allein der Versuch, sie alle zu lesen, ausreicht, um im Schweiße seines Angesichts mindestens zehn Pfund abzunehmen. Allerdings: Die Lektüre aller jener Wunderkuren kann man jedem gesunden Dicken nur unter zwei Bedingungen empfehlen:

1. Der Patient muß am Anfang der Kur absolut ausgeruht sein; schwächere Naturen sollten lieber ein Beruhigungsmittel nehmen, um einem Nervenzusammenbruch oder leichteren Herzinfarkt vorzubeugen.
2. Man darf während des Lesens nicht naschen, ja man muß sogar auf die stärkende Flasche Kognak verzichten.

Eigentlich gibt es noch eine dritte Bedingung, die nämlich, daß man natürlich keiner jener Kuren blindlings folgen darf. Diese Bedingung braucht aber nicht ausdrücklich gestellt zu werden; denn wenn jemand auch nur drei Diätvorschriften nacheinander durchstudiert hat, kommt er kaum noch in die Versuchung, auch nur eine wirklich auszuprobieren.

Alle Diätkuren haben eines gemeinsam: Jede ist die einzig richtige, die einzig wissenschaftliche, die einzig wirksame. Ansonsten unterscheiden sie sich voneinan-

der wie Krimis, die über immer phantasiereichere Umwege zum verbindlichen Happy-End führen. Da gibt es Diäten, die nur aus Obst bestehen, nur aus Wasser oder aus Kartoffeln, und andererseits gibt es Diäten, die Obst oder Kartoffeln strengstens verbieten und Wasser auf ein Minimum begrenzen. Im allgemeinen wird Fett radikal abgelehnt, es gibt aber auch Schlankheitskuren, die als einzige Nahrung Speck und andere Fette empfehlen. Viele Rezepte verbieten Alkohol, seines Kaloriengehalts wegen, andere dagegen bieten eine Weinkur.

Nach eingehendem Studium der Schlankheitskurvorschriften muß der Leser – je nach seiner Lebenseinstellung – zu einem dieser zwei Schlüsse kommen: Der Optimist findet, daß man alles essen darf, der Pessimist dagegen, daß jeder Bissen und jeder Schluck lebensgefährlich sind. Ein konsequenter Schwarzseher müßte also unverzüglich Selbstmord begehen, um dem langsamen Hunger- oder Fettsuchttod zu entgehen. Wer sich selbst jedoch in gewissem Maß liberal und mit Nachsehen behandelt, kann sich mit den Schlankheitskuren bequem arrangieren. Er muß nur ein bißchen kombinieren, so wie ich es tue. Ich nehme aus einer Diät den Fisch, aus der zweiten das Steak, aus der dritten ein paar Kartoffeln dazu, aus der vierten ein Fläschchen Wein, ein wenig Obst aus der fünften. Und es geht mir ganz gut dabei.

Ich nehme zwar nicht ab, das ist wahr. Das Abnehmen hat aber auch gar keinen Zweck, weil man nach Beendigung einer Schlankheitskur immer wieder schnell auf sein Gewicht zurückkommt. Mir scheint sogar, daß je strenger und wirksamer die Diät ist, um so schneller wird man wieder dick, weil man sich mit größerem

Appetit auf das Essen stürzt. Die ehrlichen Schlankheitskurenverfasser geben diese Rückfälligkeit auch zu. Wozu aber braucht man eigentlich das ganze anstrengende Hin und Her?

Ein Arzt sagte mir neulich, Essen sei nur eine Gewohnheit. Mag sein. Aber erstens ist es meiner Meinung nach eine gute Gewohnheit; zweitens eine sehr starke, und es ist verdammt schwer, sie aufzugeben. Versuche in dieser Richtung unternimmt man schon seit Jahrtausenden. Und die Ergebnisse sind nicht sehr ermunternd. Im vorigen Jahrhundert wurde ein Droschkenkutscher dadurch berühmt, daß er seinem Gaul das Fressen abgewöhnen wollte; es wäre ihm auch beinahe gelungen, wenn das Tier nicht gestorben wäre.

Das Verfassen von Schlankheitskuren hat zu einer eigenartigen Literaturgattung geführt. Es entstand ein Gemisch von Science-fiction, parodistischem Humor und Moralpredigt.

Eine Sammlung dieser Werke bietet ein ausgezeichnetes Forschungsmaterial zum literaturwissenschaftlichen und psychologischen Testen der Verfasser. Schon die Titel sind bezeichnend: Sachliche Autoren bieten schlicht eine »1200-Kalorien-Diät«, Zöglinge der Illustriertenschule eine »Neue-Hollywood-Kur«, Werbetexter verschiedene »Wunderkuren«, Literaten mit Sympathien für Science-fiction eine »Astronauten-Diät«, asketische Menschenverbesserer die »Null-Diät«.

Es gibt unter den Schlankheitspropheten liebevoll nachsichtige Autoren, die den menschlichen Schwächen für gutes Essen und Trinken entgegenkommen. Eine Kur lief sogar unter dem Motto: »Essen Sie, was

Sie wollen, nur in der richtigen Reihenfolge.« Es gibt Menschenverächter, die den Gerneschlanken etwas ganz Beliebiges, aber nicht Schmackhaftes – seien es Kartoffeln oder Magerquark – servieren; es gibt strenge Erzieher, die fast alles außer Wasser verbieten. Man muß zugeben, daß letztere am meisten Logik zeigen. Wahrscheinlich hungern sie selber nicht.
Jeden Schreibenden lockt es, sich in einem neuen Genre zu versuchen. So habe ich versucht, eine eigene Schlankheitskur zusammenzustellen. Meine »Jet-Set-Kur« dauert einen Monat und garantiert einen Gewichtsverlust von acht bis zwölf Pfund:

1. Tag: Frühstück:	Kaviar »Malossol«, 200 g, 1 Glas Chablis 1870.
Mittag:	Trüffelpastete, Schwalbennestsuppe, 200 g Bisonzunge in Madeira; Zulage: junge Batatos, Ingwerkompott, Armagnac, Jahrgang 1898.
Abends:	Nur Lachs und Kaviar in beliebiger Menge.
2. Tag: Frühstück:	2 Dutzend Austern, mit Perlen, 1 Glas Jaffa-Orangensaft von frisch gepflückten Früchten, mit Alaska-Eis, nicht konserviert.
Mittag:	Frische Rote-Meer-Krevetten aus Eilat, auf Butter gebacken, Potage d'or, 1 dreitägiges Karakullamm mit Safran und jungem kaukasischem Knoblauch, Beaujolais 1929.
Abends:	Nur Lachs und Kaviar in beliebiger Menge.

3. Tag: Frühstück: 1 gekochtes frisches Straußenei, Burgunder, Jahrgang 1911.

Mittag: Haifischflossen, gesotten, afrikanische Schildkrötensuppe, Bergfasan à la »Pamir«, Moosbeerengelee, guter Rheinwein, mindestens vierzig Jahre alt.

Abends: Nur Lachs und Kaviar in beliebiger Menge.

4. Tag: Frühstück: 2 Tortillas, 100 g Bärenschinken, 50 g Lotosfrüchtejam, 1 Glas Himalaja-Yak-Milch.

Mittag: Nachtigallenzungenpastete, Forellensuppe, Hummer, Rote Grütze, Pilsner Urquell vom Faß.

Abends: Nur Lachs und Kaviar in beliebiger Menge.

Dieses viertägige Menü wiederholt man zweimal im Monat, wobei auch kleine Abwechslungen möglich sind. Die übrigen zweiundzwanzig oder dreiundzwanzig Tage des Monats kann man essen, was man will – unter der Bedingung, daß man es von dem Geld bezahlt, das von dem normalen Haushaltsgeld geblieben ist. Meine »Jet-Set-Kur« verbindet die angenehmen Seiten der milden Schlankheitskuren mit der Wirksamkeit der drastischen. Wer nach dieser Kur nicht abnimmt, kann sich selber eine andere schreiben. Irgendwer wird's schon drucken.

Das große Fressen

Die Formel für den Fortschritt der Luftfahrt ist bekannt: Frühstück in Hamburg, Mittagessen in Rom, Abendessen in Tel Aviv und die Koffer in Bangkok.

Für Urlaubsreisen lautet die Formel so: Frühstück in Hamburg (Kaffee, Brötchen und Marmelade), Mittagessen in Rom (Pasta asciutta, Insalata mista, Kalbsmedaillons mit Salsa verde, Macedonia di frutti, Vino rosso), Abendessen in Tel Aviv (Humus mit Tehina als Vorspeise, Salat, großes Steak Chateaubriand, Früchte, Orangensaft) und weiteres ausgiebiges Fressen zu bestimmten und unbestimmten Zeiten bis zum Ende des Urlaubs.

Wo sind die Diätapostel und die Diätgläubigen? Reisen sie nicht, weil sie nach den vielen Diättagen keine Kraft mehr dazu haben oder weil ein Urlaub ohne gutes Essen kein Urlaub wäre? Oder reisen sie doch und verstecken sich nur, wenn sie ihre Süppchen beziehungsweise Getreideabfallpräparate oral einnehmen? Recht haben sie, wenn sie sich verstecken: Niemand läßt sich gern im Urlaub den Appetit verderben. Einige temperamentvolle Urlauber oder auch Gastwirte könnte der Anblick eines Körnerkäuers zu tatkräftigem Protest provozieren.

Auf Reisen hat man sich schon immer bemüht, gut zu essen, auch damals, als sie noch andere Abenteuer und Entdeckungen boten. Heute gehört die Entdeckung fremder Leckereien zu den größten Abenteuern der Reise.
Man kann auch den Charakter eines Landes und seiner Menschen nicht kennenlernen, wenn man sich nicht mit seiner Küche vertraut macht. Und diese Forschung muß intensiv betrieben werden, weil das Material meist umfangreich, die Zeit des Urlaubs aber kurz ist.
Wenn man keine Gaumenabenteuer erlebte – wie sollte man dann die Städte voneinander unterscheiden? Die Kirchen und Paläste gleichen sich ja überall!
So erinnert man sich an die phantastischen Wachteln, die man in Bern gegessen hat, oder an die duftende Bohnensuppe in einer kleinen Athener Gaststätte – und man weiß, wo man war. Ich bin daher davon überzeugt, daß ein Reiseunternehmen, das sich zum Beispiel auf Magerquark- oder Kleiebreireisen durch die Provence spezialisieren würde, Pleite machen müßte.
Im Urlaub ist man darauf angewiesen, Bekanntschaften zu schließen, ob mit Einheimischen oder mit anderen Urlaubern. Ein gemeinsames Essen ist die beste Gelegenheit dazu. Bei einer Umfrage bezeichneten Spanierinnen die deutschen Männer als die nettesten und attraktivsten Touristen, unter anderem deshalb, weil sie die Damen öfter zu einem Diner einladen.
So ist es im Urlaub: Hat man jemanden, den man am Abend zu einem schönen Essen einladen kann, lädt man ihn ein. Hat man aber niemanden, geht man allein gut essen – denn was soll man sonst in seiner touristischen Einsamkeit tun?

Pauschalreisende essen zwar nicht immer gut, meist aber viel. Sie haben ja die Mahlzeiten im voraus bezahlt und müssen soviel wie möglich abessen, um auf ihre Kosten zu kommen.
Man muß sich nicht schämen, im Urlaub zu schlemmen – man tut es, wie gesagt, auch für die eigene Bildung. Für die Urlaubsfresserei gibt es auch patriotische Gründe: Es sind die gastronomischen Erfahrungen der Urlauber, die entscheidend zu der großen Kulturrevolution auf den deutschen Tischen beigetragen haben, die in den letzten drei Jahrzehnten stattfand.
Abspecken kann man dann zu Hause. Allerdings, wenn man es konsequent tun will, kostet das viel Geld: Nulldiät in einer deutschen Hungerklinik ist teurer als Kaviar, Austern und Champagner im Urlaub.

Nachtisch

Wörterbücher sind sich uneinig: Das eine behauptet: »Nachtisch ist der letzte Gang des Essens«, das andere: »Nachtisch ist das, was erst dann auf den Tisch kommt, wenn die letzten Speisen weggetragen wurden.«

Das erste Wörterbuch hat recht, indem es betont, daß Nachtisch zum Mahl gehört wie das Amen zum Gottesdienst; das zweite, indem es das Dessert von den »Speisen« trennt, also von dem, was wir unbedingt brauchen, um satt zu werden. Ein Gang, den wir verspeisen, weil wir noch Hunger haben, ist kein wirklicher Nachtisch – mag es die prachtvollste Torte, der schönste Obstsalat, die raffinierteste Eisbombe sein.

»Der Hunger kennt kein Schwarzbrot«, sagt ein altes Sprichwort und will damit sagen, daß es einem hungrigen Menschen egal ist, was er ißt. Er kennt also auch keine Delikatessen.

Nachtisch ist ein absolut überflüssiges Ding – um das Leben zu erhalten, braucht man es nicht.

Darin liegt sein Wert. Er ist genauso überflüssig wie Schmuck. Der Unterschied zwischen Nahrungsaufnahme und einem guten Essen ist wie zwischen einem Wörterbuch und einem guten literarischen Werk: Das erste ist notwendig und nützlich, jedoch nicht dazu bestimmt, Genuß zu bringen. Und ein guter Nachtisch ist bei einem guten Essen wie die Pointe beim Witz, wie die Zärtlichkeit zum Ausklang eines Liebesmahls, es ist nichts für anspruchslose Gefräßige, es ist etwas für Genießer.

Die alte Weisheit, daß Liebe durch den Magen geht, meint ganz bestimmt nicht, daß man jemanden – ausgenommen in Hungerzeiten – mit einer Schüssel trokkener Kartoffeln verlocken kann. Erst die einfallsreiche und liebevolle Wahl der Leckereien ist ein Zeichen der Zuneigung und kann Zuneigung gewinnen.

Daß Nahrungsaufnahme Notwendigkeit und Pflicht, Nachtisch dagegen Belohnung ist, weiß jedes Kind, dem seine Mutter mal gedroht hat, daß es kein Eis oder keinen Pudding bekommt, wenn es das Süppchen und den Spinat nicht ißt.

Wie man die Menschen kennt, und unsere Urahnen waren sicher nicht schlechter und nicht besser als wir, fing es mit der Selbstbelohnung an. Als der Wohlstand der Urzeitjäger so weit gediehen war, daß sie genug Beute hatten und sie nicht sofort an Ort und Stelle verschlingen mußten, ist wohl einer auf die Idee gekommen, sich das beste Stückchen für das Ende der Mahlzeit aufzuheben. Quasi als Belohnung dafür, daß er so geschickt war und das Tier erlegen konnte. So wurde die Eßkultur geboren. Es dauerte wahrscheinlich einige Jahrtausende, bis einem anderen Jäger einfiel, das beste Stück der Frau zu bringen, die er begehrte, um so ihre Gunst zu gewinnen, statt sie am Haar zu schleppen und zu vergewaltigen. Vielleicht war es auch umgekehrt: Eine Frau fand einige besonders schmackhafte Beeren und bewahrte sie für den Mann ihrer Wahl auf, als

Krönung der Mahlzeit. Ob so oder so – diese Verwöhnung war die Geburt der modernen Liebe.
Es brauchte noch viel Zeit und viel mehr Wohlstand, bis der Nachtisch regelmäßiger Bestandteil der Mahlzeiten wurde. Denn er ist ein Luxus, ein nichtsnutziges süßes Zeichen des Wohlstands. Dessert konnten sich fast immer nur die Reichen leisten – die übertrafen sich aber darin, immer raffiniertere zu erfinden.
Der altgriechische Autor des »Frosch- und Mäusekrieges«, etwa 500 v. Chr., spricht noch von »Honigkuchen, nach denen die Götter sich sehnen«. Ein halbes Jahrtausend später delektiert sich der Römer Petronius bei dem märchenhaften »Gastmahl des Trimalchio« an »kalten Torten, welche mit warmen trefflichen spanischen Honigen übergossen waren«. Bei dem »Fastenessen«, das der Kardinal von Bologna Kaiser Karl V. in Rom im April 1526 gab, wurden sechsundfünfzig Arten von Süßigkeiten serviert, von »Pisaner Biskuits mit Malvasier in goldenen Tassen« bis »verschiedene Marzipanstatuen«.
Die Menschen beten um ihr tägliches Brot, um satt zu werden. Und wenn sie satt sind, wollen sie eben Nachtisch.

Musik zum Fressen

Wenn man zum Essen eine harmonische Beziehung hat und Musik zum Fressen gern, soll man nicht beides zugleich konsumieren. Nacheinander genossen, passen Musik und Essen gut zusammen – vorausgesetzt, man hatte sich nicht zuerst mit dem einen oder dem anderen zu vollgestopft; zusammen passen sie nicht. Zu einem Steak gehören als Beilage zum Beispiel Champignons, nicht aber ein Violinsolo. Mozart wird durch Knoblauch, Basilikum oder Sahnesauce nicht veredelt. Vivaldi zur Tomatensuppe zu servieren hat nur in einem Fall Sinn: Wenn zumindest eins von beiden verpfuscht ist – zum Ablenken und Vertuschen. Dies ist vielleicht die Erklärung für die ewige unerträgliche Hintergrundmusik in Restaurants.

In Konzertsälen werden in der Regel keine Menüs angeboten, aus guten Gründen. Wer beim Dinieren einer Symphonie zuhört, widmet dem Essen nicht genügend Aufmerksamkeit. Abgesehen davon, daß dadurch das für die Entenbrust in Orangensauce ausgegebene Geld vergeudet wird, kann dies auch zu Magenverstimmung führen. Es könnte auch passieren, daß der Anblick der Zitrone, mit der der Herr in der ersten Reihe seine Forelle Müllerin beträufelt, die Sängerin zum Verstummen bringt oder den Posaunisten plötzlich zu einem hohen C zwingt. (Zitronen haben wegen ihres hohen Vitamin-C-Gehalts manchmal eine solche Wirkung.) Gegen eine Konzerteinlage vor oder nach dem Essen ist

nichts einzuwenden, sofern die Bedienung während der Darbietung nicht hin und her läuft, mit dem Geschirr klappert und laut an der Bar Espresso bestellt, was die Maschine zischen läßt.
Man geht aber nicht in ein Restaurant, um da Musik zu hören. Man hört sie auch meist dann nicht, wenn sie – wie so oft – aus den Lautsprechern rieselt und fast immer so laut ist, daß es einem den Appetit verdirbt. Einige Musikfetzen kriegt man nur ab und zu in einem Sonderfall mit. Zum Beispiel, wenn ein Ehepaar allein am Tisch sitzt, keine Lust hat, sich in den langen Pausen zwischen einzelnen Gängen zu unterhalten, und an keinem anderen Tisch eine Gesellschaft dröhnend lacht. Vielleicht spielt die Musik in den Gaststätten aus Gründen der Diskretion – damit man nicht hören kann, was

am Nebentisch gesprochen wird. Man kennt das aus Spionagefilmen: Das Radio wird laut aufgedreht, wenn man die Abhörgeräte überlisten will.
Die Tafelmusik in mittelalterlichen Burgen hatte wohl die Aufgabe, das Schmatzen und Rülpsen der edlen Ritter zu übertönen. Außerdem war die Kapelle ein Statussymbol, was sie auch später geblieben ist, als sich die Sitten verfeinerten. Mit dem Musikgenuß hatte dies nichts zu tun, dem dienten die Schloßkonzerte.
Heute, da die Musik aus der Konserve jedem zugänglich ist, und – im Unterschied zum Essen aus der Konserve – von bester Qualität, kann man sich eine CD auflegen, wenn man zu Hause in Ruhe ganz allein speist. Aber auch das ist nicht das Wahre. Allein die Bewegungen der Kaumuskeln, so lautlos sie auch sind, berauben den Essenden um manche Finessen des Konzerts. Und wenn man sich ganz auf die Töne konzentriert, entgehen einem die Finessen der Speisen. Kurzum – Musik stört immer die Harmonie des Essens und das Essen den Geschmack der Musik. Wer die Kochkunst und die Kunst der Töne zugleich genießen will, ist kein Liebhaber von beiden, kein Feinschmecker und kein Genießer. Ein Gläßchen Wein oder Kognak stört dagegen beim Zuhören nicht – wenn man es vorher gefüllt hat.

Ein Mahl für Gäste

Am einfachsten ist es, gute Freunde zu bewirten, mit denen man häufig zusammen ist und ißt. Da weiß man schon, was sie mögen. Obwohl auch hier kann es Probleme geben. Soll man für Karlheinz seinen geliebten Coq au vin machen? Er ißt ihn ja verhältnismäßig oft zu Hause; außerdem kann er dieses Gericht wohl besser zubereiten als wir. Was hat ihm noch neulich bei uns so gut geschmeckt?

Mit guten Freunden muß man sich aber nicht den Kopf zerbrechen, man kann sie ja fragen, was sie essen möchten. Als ich seinerzeit in Prag der letzte Junggeselle unter meinen Freunden gewesen bin, haben mich ihre Frauen gern zum Essen eingeladen. Aus Mitleid und auch aus Eitelkeit, denn wie alle Autoren freuen sich auch Köche und Köchinnen, wenn man ihr Werk lobt. Und ich bin ein guter Gast, der gutes Essen mit Wort und Tat würdigt. (Im Hintergrund stand wohl auch die Absicht, mich mit wohlschmeckenden Argumenten von den Vorteilen des Familienlebens zu überzeugen, denn alle verheirateten Frauen und auch die jungverheirateten Männer sind leidenschaftliche Ehestifter.)

Wenn man mich damals fragte, was ich essen möchte, sagte ich: »Egal was, aber bitte mit Salzkartoffeln!« In Restaurants kann man ja fast alles bekommen, nur nicht frische, dampfende, weiße, auf der Zunge zerfallende Kartoffeln.

Wenn man Freunde nach ihren kulinarischen Wünschen fragt, erspart man sich das Überlegen, manchmal auch, dank dem Takt der Eingeladenen, sinnlose Ausgaben. Selten ist wohl jemand so dreist, im genannten Fall Kaviar, Austern und Hummer zu bestellen.

Problemlos ist es auch, abgesehen von finanziellen Problemen, wenn man Snobs einlädt. Besonders, wenn man selbst Snob ist. Da reicht es, wenn das Geschirr und die Speisen teuer sind. Der Geschmack spielt keine Rolle. Das ideale Mahl wären da Spaghetti aus zerschnittenen Tausendmarkscheinen mit Münzsauce, serviert auf Sèvres-Porzellan aus dem Nachlaß von Napoleon. Achtung! Es gibt auch gastronomische Snobs. Die kann man aber mit ein wenig Phantasie leicht überlisten. Hier ein Beispiel eines Rezepts für vier Snobpersonen: Man nehme Eigelb von zwei hartgekochten Hühnereiern, zermansche es mit Sesamkörnern und reichlich Cayennepfeffer. Aus reifem Harzerkäse schneide man winzige Stückchen in Form von Maden aus, die klebe man dann auf die aus der Eimasse geformten kleinen Kügelchen. Je drei Kügelchen pro Portion begieße man auf dem Teller (zumindest altes Meißen!) mit einer schwarzen Sauce aus Sirup, Maggi, Hammelfett, das beim Grillen von Lammkoteletts abtropfte, Ingwerpulver und ein paar Tropfen Branntwein. Garniert wird das Ganze mit Mangoscheibchen, Pfefferminzblättern und kleinen gelben Rosen. Auf der goldgedruckten Speisekarte wird das Gericht als Bahwani-gangi (Sonnenuntergang am Ganges) vorgestellt, eine Kreation des Kochs des letzten Nabobs von Ayayayaya.

Erbitten sich die begeisterten Gäste das Rezept, führe man als Zutaten an: ein Dutzend Eier des Gorga-Vogels (indischer Zwergkolibri), drei Dutzend Larven der Seidenraupen aus Ramasandra und Armagnac d'Or, Jahrgang 1821 (eine Flasche mit dem entsprechenden Etikett muß in Blickweite stehen, am besten leer).
Leicht zu befriedigen sind auch Gäste, die der gesunden biologisch-dynamisch-makrobiotischen Kost huldigen. Die Nahrungsmittel aus den Bioläden sind zwar nicht ganz billig, die Gesundheitsbewußten essen aber in der Regel wenig. Außerdem ist die Vorbereitung von Müsli, Körnern oder Kräutersalat nicht allzu arbeitsaufwendig. Als Gastgeber muß man sich allerding seinen Gästen anpassen und eventuell an Körnern mitpicken, auch wenn man eher Appetit auf eine saftige Lammkeule hätte.
Es empfiehlt sich nicht, zweierlei Speisen aufzutragen – die eine für Fleischesser, die andere für Vegetarier. Dies könnte beiden Seiten den Appetit verderben. Notfalls kann man sich vor der Ankunft der Gäste einige Steaks einverleiben.
Eine mittlere Katastrophe kann entstehen, wenn man jemanden, dessen Eßgewohnheiten man nicht kennt, zum verkehrten Mahl eingeladen hat – einen eingefleischten Bratenanhänger zu einem Müsligelage oder einen verwurzelten Vegetarier zum Spanferkel. Man hat sich mit dem Menü viel Mühe gegeben – es gibt ja auch köstliche und kunstvoll zubereitete vegetarische Leckereien, ich esse sie selbst sehr gerne, vor oder nach dem Fleischgericht –, und der Gast nimmt keinen Bissen, weil er seinen Prinzipien treu bleiben will!
Es ist immer eine Freude, Menschen zu bewirten, die

gutes Essen genießen, egal zu welcher Eßphilosophie sie sich bekennen. Ich nehme an, daß man auch an einer Gesundheitstafel angenehme Gespräche über die Wahl der Salatzutaten, die besten Anbaugebiete für Kleie und die schönsten Essigjahrgänge führen kann.
Muß man aus irgendwelchen Gründen Leute einladen, die keine Freude am Essen haben, lädt man sie am besten in ein Restaurant ein – es soll ein teures und schlechtes sein. Man gibt dabei zwar mehr Geld aus, erspart sich jedoch den Verdruß darüber, daß unsere Kochkunst nicht gewürdigt wurde.

Wir haben keine Zeit

Wir haben keine Zeit. Das ist eine Tatsache. Ich möchte denjenigen sehen, der Zeit genug hat, um das zu bestreiten.

Dabei wurden Tausende und Abertausende Dinge erfunden, die uns die Zeit sparen. Mit der Zeit zeigten sie sich jedoch alle als sehr zeitraubend.

Zum Beispiel die Ehe. Irgend jemand hat irgendwann gesagt, die Ehe sei wie eine Wasserleitung – wenn man Durst hat, muß man nicht die nächste Quelle suchen, man dreht den Hahn auf und trinkt. Na ja, Herr Irgendjemand – es mußte ein Herr gewesen sein, nur ein Mann kann so selbstsicher töricht sein – war wahrscheinlich nie verheiratet, und es erübrigt sich, mit ihm zu polemisieren.

Aber die Wasserleitung selbst: Sie spart uns natürlich viel Zeit. Stelle man sich nur vor, man müßte mit dem Eimer zu einem Brunnen laufen, um Wasser zu holen! Andererseits, weil wir das Wasser in der Wohnung haben, baden wir und duschen auch zweimal am Tag. Rechne man sich aus, wie viel Zeit dadurch im Jahr verlorengeht. Früher badete man einmal zu Ostern und einmal zu Weihnachten, und es war auch gut.

Und wieviel Zeit spart uns das Auto? Früher war es zeitlich ganz unmöglich, von Hamburg nach Hannover zu Freunden nur so auf einen Sprung zu fahren, von weiteren Strecken schon gar nicht zu reden. Heute fährt man mit dem Wagen knapp zwei Stunden. Dann plaudert man zwei Stunden – vorwiegend über Autos natürlich und über die total blöden Autofahrer, mit denen man es auf der Autobahn zu tun hatte, worüber sonst? –, dann braucht man wieder nur etwa zwei Stündchen, und schon ist man zu Hause.

Als es noch keine Autos gab, würde man diese sechs Stunden zu Hause sitzen, mit Nachbarn oder Freunden, die nicht weit weg wohnen, und über ganz andere Sachen reden. Oder sogar lesen.

Nehmen wir den Superzeitsparer – das Telefon. Gott weiß, wieviel Zeit es mich ohne Telefon hätte kosten müssen, nach München zu fahren und einem Redakteur zu erklären, daß mein Manuskript noch nicht fertig ist, weil ich keine Zeit hatte, es zu schreiben. Mit dem Telefon war es in Minutenschnelle erledigt.

Ein Moment, Verzeihung, mein Telefon klingelt...

Das war eine Bekannte. »Hast du ein paar Minuten Zeit?« fragte sie. Aus Höflichkeit, natürlich. »Nein«, sagte ich, »ich schreibe eben darüber, daß wir alle keine Zeit haben.« – »Das ist absolut richtig«, sagte sie. »Wenn du dir nur vorstellen könntest, wie *ich* unter Zeitdruck stehe...« Und erzählte mir von ihrer Arbeit, ihrem Studium, ihrem Mann und ihren zwei Kindern. Das Gespräch dauerte siebenundzwanzig Minuten und wurde nur deshalb so schnell abgebrochen, weil wir beide so wenig Zeit haben.

Die technischen Errungenschaften erleichtern – rein technisch gesehen – die sogenannten zwischenmenschlichen Kontakte. Die Beziehungen zwischen Menschen

haben sich dadurch zwar nicht vertieft, aber ausgebreitet. Man hat jetzt – wieder rein technisch gesehen – mehr Freunde und Bekannte. Ob man wirklich mehr Freunde hat, ist zu bezweifeln.
Viele Kontakte verbrauchen viel Zeit, wir können aber unsere Kontakte nicht aufgeben. Der Kontaktzwang ist eine Art des Konsumzwangs – und man kann in diesem Fall nicht einmal behaupten, daß es ein unnötiger Konsum wäre. Durch die komplizierte gesellschaftliche Organisation sind wir auf sehr viele Menschen im materiellen und auch im geistigen Sinne angewiesen.
Unsere Kontakte sind wie das Essen in der Kantine: Wir verlieren nicht viel Zeit damit, es mag sauber, nahrhaft und sogar nicht ganz ohne Geschmack sein. Ein Vergnügen ist es jedoch selten, und man muß schon sehr hungrig sein, um sich darauf zu freuen.
Mit der Zeit ist es wie mit dem Geld: Je weniger man davon hat, um so abhängiger ist man von ihm, man kann mit ihm schlecht wirtschaften, man kriegt dafür weniger, und man muß sich mit der Standardware minderer Qualität abfinden.
Weil wir so wenig Zeit haben, vergeuden wir sehr viel Zeit. Wir rufen einander an, erfahren, daß es unseren Freunden gut oder mittelprächtig geht, und sagen am Ende: »Wir müssen uns endlich treffen, um uns richtig auszusprechen.« Dann treffen wir uns in einem halben Jahr und wissen nicht so richtig, worüber wir reden könnten. Komischerweise ist es so: Je länger man sich nicht gesehen hat, um so weniger hat man sich zu erzählen. Meistens spricht man über nichts, und die Zeit, die wir uns für das Zusammensein freigemacht haben, ist vergeudet.

Andererseits – wollen wir eigentlich Zeit haben? Was tun wir mit ihr, wenn wir sie mal haben? Wir versuchen sie so schnell wie möglich totzuschlagen.
Man schaltet im Fernsehen ein Programm ein, das einen kaum interessiert, oder man versucht fieberhaft per Telefon jemanden zu erreichen, der für uns ein bißchen Zeit hätte, egal wen, auch Leute, die man gar nicht so sehr mag.
Ja, was soll man mit dem bißchen gefundener Zeit sonst tun? Für jene großen Pläne, von denen wir immer sprechen, wenn wir uns beschweren, daß wir keine Zeit haben, ist es zu wenig Zeit (außerdem machen wir die Pläne nur deshalb, weil wir wissen, daß der Zeitmangel uns vor der Notwendigkeit bewahrt, sie zu verwirklichen); dagegen ist diese Zeit zu lang, um sie mit sich selbst zu verbringen.
Man langweilt sich mit sich selbst. Man ist ja mit sich selbst kaum bekannt, da man unter diesem dauernden Zeitdruck keine Zeit hat, sich mit sich zu beschäftigen.
Wir haben keine Zeit, und wir haben Angst, welche zu haben.
Deshalb ist keine Zeit so gründlich vergeudet wie die, dic man damit verbringt, über den Mangel an Zeit zu jammern.

Frühlingsaufsatz

Der Frühling ist ein ewiges Thema für Schulaufsätze, es gibt keine Generation von Schülern, die darüber nicht geschrieben hätte. Auch die Medien lassen sich den Frühling nie entgehen. Es ist ein risikoloses Thema, zu jeder Zeit und in jedem Regime politisch unverfänglich.

Warum die Medien gern Frühlingsüberlegungen verbreiten und selbst Satiriker das Thema gern aufgreifen, ist klar – man möchte auch mal etwas Positives bringen. Und wenn es mal nicht ganz positiv ist, weil sich das Wetter nicht nach dem Kalender richten will, ist es auch gut: Man kann risikolos klagen, jammern oder schimpfen, denn das Wetter gehört zu jenen wenigen Dingen, die nicht von Politikern verpatzt werden.

Alle freuen sich auf den Frühling. Mir sind freilich die Gründe dafür etwas unklar. Daß sich die Landwirte und Gärtner freuen, ungeachtet dessen, daß sie eben im Frühjahr sehr viel Arbeit haben, kann man noch verstehen: Es ist die Vorfreude auf die künftige Ernte. Warum aber freue ich mich, ein Städter, der nicht einmal eine Pflanze auf dem Balkon hat? Ein leidenschaftlicher Spaziergänger bin ich auch nicht, und als Mann mit Wohnung und im gesetzten Alter gehe ich nicht mit einer schönen Frau in die freie Natur, selbst wenn sich eine fände, die dazu bereit wäre. In der Stadt wird die Natur erst dann schön, wenn die Frauen leichte bunte Kleider anziehen und dadurch noch schöner werden. Bis es soweit ist, wird es aber noch eine Weile dauern. Wahrscheinlich lieben wir alle den Frühling, weil es die Zeit der Vorfreude ist: auf Wärme, auf die schönen Frauen, auf die Ernte. Richtig freuen kann man sich ja nur im voraus. Wenn die erwartete Freude dann kommt, muß sie gar nicht erfreulich sein. Die Wärme wird zur Hitze werden und uns mit Staub, Schweiß und Durst plagen. Die Ernte wird zu klein oder zu groß sein und den Landwirten wirtschaftliche Schwierigkeiten bereiten. Die schönen Frauen werden zwar im Sommer ganz bestimmt noch schöner werden, sie werden unsereinen aber genausowenig beachten wie immer. Wer wird sich dann noch freuen?

Im Frühling ist aber unsere Vorfreude noch ungetrübt. Ich bin ja selbst in einer guten Stimmung, obwohl ich nicht weiß, warum. Vielleicht, weil die Sonne so schön scheint... Wir sind zwar keine Naturmenschen mehr, wir sind von den Launen der Natur nicht so abhängig wie unsere Urahnen, aber ganz verdorben sind wir noch nicht – ein Stückchen vom gesunden Menschentier, das sich über einen Sonnenstrahl freuen kann, ist noch in uns.

Es freut mich, daß ich eine positive Glosse fertiggebracht habe – es ist heute gar nicht so leicht, positiv zu schreiben. So schön wie einst in der Schule habe ich meinen Frühlingsaufsatz nicht geschafft, so mit Blümchen und Vögelein. Man wird ja älter und hat andere Sorgen.

Außerdem – wie soll ich in der Stadt, aus dem Fenster

einer Etagenwohnung Primeln und Schwalben beobachten? In der Stadt erkennt man den Frühling daran, daß Gemüse und Eier schmackhafter werden, mitunter sogar auch billiger.

Ruhiges Leben

Wie viele Menschen träumen vom ruhigen Leben? Ein kleines Häuschen irgendwo am Ende der Welt oder zumindest einige Kilometer von der Autobahn entfernt; ruhige Beschäftigung im Wald, im Garten oder auf dem Feld; ruhige Abende mit der Familie, mit einem Buch, mit Basteln ... Ein Leben, in dem man mit Sicherheit weiß, was morgen und übermorgen sein wird, ein Leben, das nur von den Jahreszeiten bestimmt wird ... Wie viele Menschen träumen davon in der Hektik der Großstadt, des Geldverdienens, der Karriere, der verworrenen Liebesbeziehungen, des Jeden-Tag-sich-bewähren-Müssens?

Wovon träumen aber die Menschen, die ein ruhiges Leben haben, die in einem kleinen Häuschen wohnen, irgendwo am Ende der Welt oder zumindest einige Kilometer von der Autobahn entfernt? Eins ist sicher: Sie träumen nicht vom ruhigen Leben, das haben sie ja nicht nötig. Pastorale Idyllen wurden nicht von Hirten, sondern von Hofdichtern geschrieben, die im Netz der Hofintrigen zappelten.

Träumen müssen sie, die Hinterwäldler, ganz bestimmt: Das eintönige Leben, in dem nichts Unvorhergesehenes passiert, in dem sich nichts ändert, außer daß man älter wird; die eintönige Arbeit, in der sich alles wiederholt

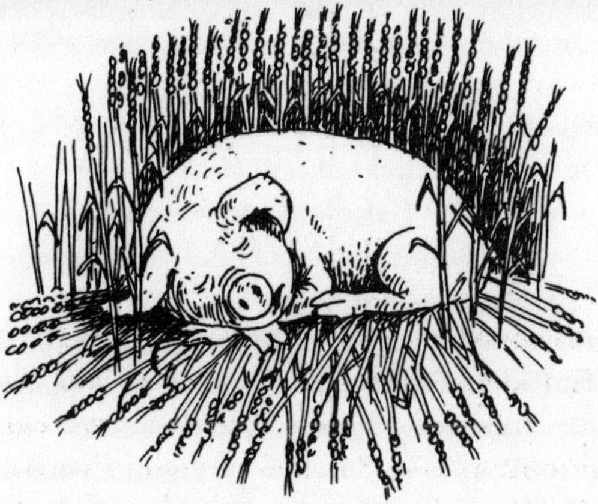

und alles ohne Nachdenken gemacht werden kann, läßt ihnen viel Zeit und Raum für Träume. Sie zwingen wohl auch die Phantasielosesten, ein wenig zu phantasieren. Träumen sie von einer glänzenden Karriere? Von einem abwechslungsreichen, schnell fließenden Leben in der Großstadt? Von Abenteuern mit attraktiven Frauen? Von einem Leben, in dem man jeden Tag wieder beweisen kann, was für ein Kerl man ist?

Und was passiert, wenn sich die einen oder anderen Träume erfüllen?

Wenn man den feinen Rokokodichter, der so herrliche Hirtengedichte geschrieben hat, tatsächlich zum Schafhirten machte? Abgesehen von der harten Arbeit, bei der man sich die Hände schmutzig machen muß, wird er nicht davon träumen, daß er wieder bei Hofe ist, seinem Erzkonkurrenten durch eine ausgeklügelte Intrige eins auswischt und die stolze Gräfin N., die ihn zweimal abgewiesen hat, endlich erobert?

Stelle man sich den heutigen Manager, der – streßgeplagt – so schön über das einfache Leben redet, in der Einöde vor. Wovon wird er da träumen?
Wahrscheinlich wird er überhaupt nicht träumen. Er wird in die Stadt zurückkehren. Oder sein Stück Land in ein musterhaftes Landwirtschaftsunternehmen verwandeln; oder in der Einöde Hotels bauen, einen Zubringer zur Autobahn erzwingen ...
Stelle man sich einen grünen Ideologen, der vom Naturleben die Errettung der ganzen Welt und seiner selbst erwartet, tatsächlich ins Naturleben versetzt vor. Auch er wird wohl nicht viel Zeit fürs Träumen haben – er wird in Ruhe sein theoretisches Werk vollenden, in dem er begründen wird, warum die Gesellschaft verpflichtet ist, sein Naturleben zu finanzieren. Und er wird sehr oft in Städte fahren müssen, um da politische Aktionen zur Durchsetzung dieser Forderungen zu organisieren.
Es ich leicht vorstellbar, daß ein Mann aus einem ruhigen Häuschen in der großen Welt beweist, daß er ein Kerl ist, ein Eroberer – zum Beispiel im Dschungel. Im echten Dschungel freilich – im Dschungel des Großstadtlebens wird er sich nur in den seltensten Fällen durchsetzen. Er wird da von seinem Häuschen irgendwo am Ende der Welt träumen, bis er zurückkehren wird, um dort weiter von exotischen Ländern und von der Eroberung der Welt zu träumen. Das schönste am ruhigen Leben ist, daß es diese Träume ermöglicht. Dies ist fast so schön, wie in der Hektik der Großstadt, des Geldverdienens, der Karriere, von einem ruhigen Häuschen irgendwo am Ende der Welt zu träumen.

Rehabilitierung der Faulheit

Ich bedauerte schon immer, daß es keine Theorie der Faulheit gibt. Ich habe sogar in einem Aphorismus die Vermutung geäußert, daß es diese Theorie nicht geben kann, da die sachkundigen Faulen zu faul sind, sie zu formulieren. Das Autozitat ist nicht ganz genau, ich bin aber zu faul, um in meinem Buch nachzuschlagen. Traurig natürlich, daß eine so wichtige Seite des menschlichen Lebens noch nicht erforscht wurde. Ich kann jedoch eine erfreuliche Nachricht mitteilen: Der erste Schritt zu der theoretischen Begründung der Faulheit wurde schon gemacht! Wie zu erwarten, kam er von der anderen Seite, von einem Fleißigen. Ich las in einer Zeitschrift unter der Überschrift »Wer schuftet, ist nicht normal – Ein Psychologe verrät, daß Fleiß eine Krankheit sein kann« die Geschichte des amerikanischen Wissenschaftlers Wayne E. Oates, der dreißig Jahre von früh bis spät fleißig gearbeitet hat, bis er zu der Einsicht kam, daß sein Fleiß eine Krankheit ist. Um andere Leidensgenossen zu warnen und sie heilen zu helfen, hat er ein Buch geschrieben: »Bekenntnisse eines Arbeitswütigen«. Er hat die Arbeitswut als Neurose enthüllt, deren Motive der Drang nach Unabhängigkeit und Anerkennung und die Angst vor dem Tod, deren Folgen eine Selbstversklavung und Herzinfarkte sind.

Jeder nichterzwungene Fleiß ist eine Krankheit und die Faulheit der natürliche Zustand des Menschen. Sie bildet das charakteristische Merkmal des Menschen. Es gibt keine faulen Tiere – dazu sind sie nicht intelligent genug –, mit Ausnahme mancher domestizierten, die vom Menschen verführt, verwöhnt und belehrt wurden. Die marxistische Theorie stützt sich auf die Engelssche These, daß die Arbeit eine entscheidende Rolle bei der Vermenschlichung des Affen gespielt hat. Wäre das wahr, müßte man sagen, daß es ein ganz dummer Affe war, der auf den Gedanken kam, sich durch Arbeit zu vermenschlichen. Erstens ist die Arbeit ein viel zu teurer Preis für das fragwürdige Privileg, »Mensch« genannt zu werden. Zweitens, die ehemaligen Affen schuften schon einige hunderttausend Jahre und sind noch nicht Menschen geworden. Drittens, durch Arbeit kann man sich viel mehr vereseln oder verochsen als vermenschlichen.
Moderner als die marxistischen Theoretiker ist die Bibel, die die Arbeit für eine Strafe hält. »Im Schweiße deines Angesichts sollst du dein Brot essen« ist kein Gebot, es ist ein Fluch – und zugleich eine Vorbeugungsmaßnahme, mit der der Herrscher der Welt es dem Menschen unmöglich gemacht hat, sich so zu entwickeln, daß er ihm einst seine Macht streitig machen könnte. Alle späteren Herrscher bedienen sich der gleichen Methode. Die Losung »Arbeit macht frei« stand an den Toren der Konzentrationslager.
Darwin sei Dank, die Sache mit der Vermenschlichung des Affen entstand ganz anders. Die fleißigen Affen, die im Schweiße ihres Angesichts ihre Bananen gefressen haben, hatten gar keine Zeit, auf den Gedanken zu

kommen, sich zu vermenschlichen. Von der Morgendämmerung bis zum Sonnenuntergang haben sie sich in der Landschaft herumgetrieben und Fressen gesammelt. Wenn man nach so einem Tag auf seinen Ast klettert, denkt man nur noch an den Schlaf. Sie hatten es auch nicht nötig, etwas an ihrer Lebensart zu ändern, solange es genug Früchte, Wurzeln und kleine Tiere gab.

Es war ein fauler Affe, der keine Lust hatte, sich dauernd zu bücken, zu klettern oder den Mäusen nachzulaufen, dem die Idee kam, auszuprobieren, ob man mit Hilfe eines abgebrochenen Zweigs oder eines Steins nicht leichter Beute machen könnte. Die fleißigen Affen haben ganz bestimmt solche faulen Tricks mißachtet. Sie haben ihren neugierigen Kindern ein paar Klapse gegeben, sie sollen auf diesen miesen Kerl nicht glotzen und lieber schauen, daß sie was einsammeln. Übersetzt in die menschliche Sprache bedeuteten diese Klapse: »So was macht ein anständiger Affe nicht! Wäre er nicht zu faul, Würmer auszugraben, kämen ihm solche Phantasien nicht!« Und sie hatten recht. Der faule Affe hatte dagegen mehr zu fressen und mehr Zeit zum Denken. Er ist zum Vater des Fortschritts geworden.

Die Arbeit war – und ist immer noch – notwendig. So wurde der Fleiß Jahrtausende gelobt. Die Lobgesänge haben natürlich die Faulen für die anderen ausgedacht. Um einen faulenzen zu lassen, müssen mehrere Menschen fleißig arbeiten. Also auch das Erhalten und die Steigerung des Fleißes verdankt die Menschheit den Faulen, so wie auch den gesamten Fortschritt und alle Erfindungen. Schließlich ist der Fleiß eine Art der Faulheit, freilich eine bösartige, um es mit Professor

Oates zu sagen: eine neurotische Art. Man schuftet, um nicht nachdenken zu müssen, wie man die Arbeit loswird.

Ich muß entschieden der verbreiteten Meinung widersprechen, daß die Faulen nicht arbeiten. Sie mögen es nur nicht. Aber durch Lebensumstände gezwungen, arbeiten sie besser und produktiver als die Fleißigen. Erstens arbeiten sie schneller, weil sie sich schneller von der Arbeit befreien wollen. Ein Fleißiger findet sein Vergnügen in der Arbeit, ein Fauler erst dann, wenn sie fertig ist. Zweitens, die Arbeit ist für sie keine alltägliche Routine wie für die Fleißigen, es ist ein Ausnahmezustand, etwas Feierliches, das man lange bedenken muß, bis man sich dazu entscheidet. Die Einstellung des Fleißigen und des Faulen zur Arbeit unterscheidet sich so wie die eines Ehemannes und eines freien Mannes, der ein Abenteuer unternimmt, zur Liebe. Drittens schaffen die Faulen kein nutzloses Zeug, weil es ihnen zuwider ist, sich unnötig anzustrengen.

Um aus meinem eigenen Beruf ein Beispiel zu nennen: Etwas Neues in der Literatur kann nur der Schriftsteller schaffen, der zu faul ist, fremde Theorien zu studieren und sich nach diesen zu richten. In allen Kinderlesebüchern lobt man fleißige Herrscher und Staatsmänner. Gott sei Dank, ein großer Teil dieses Fleißes existiert nur in der Propagandadichtung – sonst wäre die Welt schon längst menschenlos. Ein fauler Herrscher vergnügt sich mit Frauen, Komödianten, Musikern und Philosophen – ein fleißiger zieht in den Krieg oder holt mindestens Steuern ein, baut Pyramiden und Denkmäler, verbreitet mit Feuer und Schwert die Moral oder den wahren Glauben, zwingt die Untertanen mit Gewalt, glücklich zu sein. Ruhig leben kann man nur unter einem Herrscher, der zu faul ist, sich um das Volk zu kümmern. Die Gründer aller Religionen wußten, was die Menschen brauchen – alle versprechen im Paradies die ewige Faulheit. Bescher mir, o Herr, die süße menschliche Faulheit auf Erden – nach dem Tod werde ich ja sowieso nicht arbeiten. Bewahre mich jedoch vor der Denkfaulheit, der bösen Faulheit der Fleißigen und Gehorsamen.

Die Ur-Gerechtigkeit

Ich kann nicht sagen, wann genau sich diese Geschichte abspielte, da ich kein gelernter Historiker bin; und selbst wenn ich einer wäre, könnte ich es nicht wissen, weil es eindeutig eine prähistorische, also vorgeschichtliche Geschichte ist.
Sie ist so alltäglich und banal, daß sie wohl gleich in den ersten Zeiten der Menschheit geschehen mußte; sobald der Mensch Mensch wurde, konnte sie nicht lange auf sich warten lassen. Allerdings konnte sie auch nicht früher stattfinden, denn für so abstrakte Probleme wie Gerechtigkeit interessieren sich nur Menschen. Besonders, wenn sie Hunger haben.
Satte Menschen beschäftigen sich zwar auch mit abstrakten Problemen, sogar häufiger als die Hungrigen – je satter sie sind, desto häufiger –, interessieren sich aber nicht wirklich für sie: Wenn der Magen voll ist, verlieren abstrakte Probleme ihre konkrete Bedeutung.
Damals also, in den Urzeiten der Menschheit, hatte ein Jäger ein Tier erlegt. Es war kein großes Tier, irgend so ein damaliger Urhase. Der Jäger war trotzdem sehr froh, denn es war eine magere Zeit am Ende des Winters, und er selbst war kein besonders guter Jäger – nicht sehr geschickt und nicht sehr stark.
Er bückte sich über seine Beute und überlegte, ob er sie

auf der Stelle verzehren oder in seine Höhle bringen sollte, wo seine Frau das Fleisch im Feuer braten konnte. Dann würde er zwar gerechterweise seiner Frau etwas abgeben müssen, aber seine Frau war gut, jung und arbeitsam, also...

Der Jäger dachte seine Gedanken nicht zu Ende, weil ihn in diesem Moment jemand am Kragen packte und so stark schubste, daß er in den Schnee flog.

Es war der stärkste Mann der Sippe. Der hielt nun das Tier in der Hand, schlitzte es auf und fraß.

Was sich der Stärkere dabei dachte, als er seinen Sippenbruder überfiel und ihm seine Beute nahm, weiß ich nicht. Höchstwahrscheinlich hat er sich nichts dabei gedacht – der Mensch weiß von jeher instinktiv, ohne nachzudenken, daß es einfacher und günstiger ist, einem schwächeren Artgenossen seine Beute wegzunehmen, als selbst mühsam zu jagen. Er hatte Hunger, und er war stärker, also hatte er sich die Beute des anderen genommen.

Hier muß bemerkt werden, daß Hunger nicht immer und nicht jeden zu Überlegungen über abstrakte Dinge verleitet. Nicht den Stärkeren. Der andere Jäger aber war schwächer, also mehr zum Denken geneigt. Er richtete sich auf und sagte: »Das ist nicht richtig. Das war meine Beute. Ich habe sie erlegt.«

Der Starke sagte nichts, weil er mit dem Essen noch nicht ganz fertig war, er nahm nur eine drohende Pose ein. Dann warf er die abgenagten Knochen weg und sagte fast versöhnlich, weil er inzwischen satt war: »Ich bin stärker!«

»Aber das ist nicht gerecht«, wiederholte der Schwächere hartnäckig, denn sein Magen knurrte.

»Soll ich dir zeigen, daß ich stärker bin?« fragte der Starke und ballte die Fäuste. Die Drohung war nicht sehr ernst gemeint. Die Sattheit machte ihn gutmütig, er hatte nichts gegen ein Schwätzchen, obwohl er eigentlich kein abstrakter Denker war. Das Gespräch war aber jetzt ganz abstrakt geworden, denn es gab kein Fleisch mehr.

»Komm in unsere Höhle, meine Frau wird dir auch sagen, daß es nicht gerecht war, mir meine Beute wegzunehmen. Und unser Ältester, der Alte Fuchs, wird das auch sagen.«

Für die Schwachen ist es immer wichtig zu beweisen, daß das Recht und die öffentliche Meinung auf ihrer Seite sind, auch wenn das Fleisch weg ist.

Der Alte Fuchs lehnte es ab, den Streit der beiden zu schlichten, unter dem Vorwand, daß der Gegenstand des Streits, der Urhase, nicht mehr vorhanden sei. Er wollte es sich mit dem Starken nicht verderben, der ihm manchmal von der Jagd Leckerbissen brachte.

Die Frau stellte sich hinter ihren Mann. »Es war nicht gerecht«, sagte sie. Dann fügte sie aber hinzu: »Na ja, du hattest Hunger, und du bist stärker. Du konntest aber auch ein Stückchen Fleisch für uns lassen, das wäre gerechter gewesen.«

»Deine Frau ist schön und klug«, sagte der Starke. »Du kommst mit in meine Höhle, Frau!« Die Frau ging mit dem Stärkeren, sie war ja klug.

Das war damals, in der Urzeit der Menschheit. Heute wird die Gerechtigkeit unter einzelnen Menschen meistens nicht so primitiv gehandhabt, allenfalls unter Staaten.

Mündig

Was ist ein »mündiger Bürger« – einer, der einen Mund hat? Den hat doch jeder! Oder ist es einer, der keine Angst hat, seinen Mund aufzumachen? Das tut auch jeder, um essen, beißen oder gähnen zu können; oder um zu reden.

Ist jeder, der redet, mündig? Und wenn er Stuß redet? Natürlich glaubt jeder, der redet, mündig zu sein, egal, was er redet. Muß man als mündiger Bürger diesen Anspruch immer anerkennen?

Vielleicht ist derjenige mündiger, oder sagen wir, bessermündig, der gähnt, wenn andere den Mund allzuweit aufmachen...

In totalitären Staaten wird der Bürger dauernd bevormundet. In demokratischen Staaten wird er dagegen hintermundet – man steckt ihm von hinten Worte zu, die man für Gedanken ausgibt; sie kommen dann aus seinem Mund heraus, als wären es seine eigenen mündigen Gedanken; im Namen des somit mündig erscheinenden Bürgers legitimieren diese Worte dann alles, was man legitimieren wollte.

Die Methode der Hintermundung ist besser, weil sie dem Bürger lieblicher mundet. Er kann dabei auch seinen Mund, von keinem Vormund gestört, besser zum Essen und Beißen benutzen. Die Bevormundung ist

eine primitivere, brutalere und dadurch vielleicht sogar ehrlichere Art, Menschen unmündig zu machen.
Ob der Mund des Bürgers von vorn, von hinten oder von allen Seiten zugleich manipuliert wird, ist eine Sache der Taktik und der Strategie.
Es ist nicht klar, warum der Mund zum Maßstab der Qualität des Bürgers ernannt wurde. Erstens ist es ein Mehrzweckorgan, nicht nur zum Äußern von Gedanken bestimmt. Zweitens ist es ein allzu leicht zugängliches, ungeschütztes Organ: Man kann einem den Mund ohne Mühe stopfen – nicht nur mit der Faust, sondern auch mit Brot oder Kaviar.
Es ist interessant und auch ein wenig beunruhigend, daß sich noch kein Gesellschaftssystem entschlossen hat, den »hirnigen Bürger« zu fordern.

Talent

Keiner weiß genau, was Talent ist und wie man es pflegt; und auch, ob man's pflegen soll. Es geht nicht darum, ob der einzelne sein Talent kultivieren soll – das ist seine ganz private Sache, und man kann keinen daran hindern. Die Frage ist, ob man es auch im Hinblick auf die Gesellschaft pflegen soll.

Talent ist nämlich, wenn jemandem etwas gelingt, was einem andern überhaupt nicht gelingen will. Und weder der eine noch der andere kann was dafür.

Ist das gerecht?

Jemand ist ein ganz braver Mensch und hat kein Talent. Er schwitzt, schreibt, streicht, schreibt, verbessert, schreibt, redigiert, gleicht das Geschriebene der Kritik an, bringt's mit der Theorie in Einklang, mit den Richtlinien. Wißt ihr, wie mühselig es ist, ein Schriftsteller zu sein, wenn man kein Talent hat?

Der einzige Lohn ist, daß ein Werk ohne Talent eher angenommen wird, weil es auch von demjenigen kein Talent erfordert, der es für den Druck genehmigt.

Oder glaubt ihr, es wäre eine Wonne, ein Schauspieler ohne Talent zu sein? Nicht nur muß sich so ein armer Tropf viel mehr mit seiner Rolle plagen, er muß auch noch mühselig intrigieren, um die Rolle zu bekommen. Wißt ihr, was das für Nerven kostet?!

Ein Schauspieler mit Talent braucht sich gar nicht anzustrengen, Intrigen zu spinnen; um ihn wimmelt es von Intrigen ohnedies.
Der einzige Trost für Nichttalentierte ist, daß es derer mehr gibt als Talentierte, somit sind die Menschen ohne Talent das Salz der Erde.
Doch ... auch das ist strittig. Ich bin überzeugt: Fast jeder Mensch besitzt ein wertvolles Talent, leider weiß er oft gar nichts davon, weil er zu sehr damit beschäftigt ist, sich auf einem Gebiet hervorzutun, auf dem er kein Talent hat. Talent haben kann auch so mancher Lump, Faulpelz, ja sogar ein Idiot. In den Erzählungen des Hodscha Nasreddin, von Solowjew aufgezeichnet, hat der blödeste aller Soldaten des Emirs das Talent, rohe Eier zu schlucken, ohne die Schale einzudrücken. Von solch einem Talent könnte man sich auch heute ernähren.
Ganz zu schweigen von Talenten, deren Wert zweifelhaft ist. Um ein banales Beispiel zu geben: Jede Frau hat das Talent, aus einer winzigen Bagatelle einen riesigen

Zank aufzubauen. Das gehört aber zu den Fähigkeiten, die erst nach der Hochzeit erworben werden. Uns geht es um das angeborene Talent.
Mit dem angeborenen Talent ist es wie mit dem Geld: Jemand hat's, jemand hat's nicht, gerecht ist es keinesfalls. Im übrigen stammt auch der Begriff selbst vom Geld ab, denn in alten Zeiten rechnete man nach Silbertalenten. Ja, im alten Griechenland wog ein Talent 37,8 Kilo. Dieses Talent wurde später durch ein Talent verdrängt, das nur 26,2 Kilo wog, wodurch die Regel historisch bestätigt wird, daß ein kleineres Talent sich stets bemüht, das größere zu verdrängen. Doch auch sechsundzwanzig Kilo Silber sind nicht so wenig. Wißt ihr, daß die weisen Griechen schon im vierten Jahrhundert vor unserer Zeitrechnung für ein Talent nicht weniger als siebenundsiebzig Ochsen gaben?
Bei uns ist es eher wie in dem uralten jüdischen Witz: In einem kleinen Städtchen brauchte man einen Kantor. Es gab zwar einen Kandidaten, doch die Geister schieden sich. Die Hälfte der Gemeinde behauptete, der Kantor singe wie eine Nachtigall, während die andere meinte, er krächze wie ein Rabe. Schließlich gingen sie zum Rabbi, auf daß er ihren Streit schlichte.
»Liebe Freunde«, sagte der Weise, »was ist ein Kantor? Das ist ein frommer, ehrlicher, anständiger Jude, der in der Synagoge singt. Ist der Mann fromm? Ja. Ist er ehrlich? Jawohl. Ist er anständig? Er ist's. Und ihr möchtet einen ordentlichen Familienvater um sein täglich Brot bringen, nur weil er nicht singen kann?«

Das Prestige ist Prestigesache

Prestige ist, wenn man etwas, das einem möglicherweise selbst gegen den Strich geht, nur deshalb macht, um andere zu beeindrucken.

Das tschechische Wörterbuch sagt, daß Prestige »Geltung, Würde, Einfluß« bedeutet; das deutsche Wörterbuch präzisiert, daß es »Geltung bei andern« sei. Nur in einem alten deutschen Wörterbuch wird unverhüllt zugegeben, daß es sich um »Blendwerk« handle, also um »Schein, Vorspiegelung, Täuschung, Trug«. Damals war man offenbar ehrlicher und kümmerte sich nicht so sehr um das Prestige des Prestiges.

Das Tschechische ist eine geniale Sprache: Tschechisch kann das Wort Prestige sowohl männlichen als auch weiblichen Geschlechts sein. Es ist nämlich mit typisch weiblichen Eigenschaften verknüpft – mit Halsstarrigkeit und Mangel an Logik – ebenso wie mit typisch männlichen – mit Mangel an Logik und Halsstarrigkeit.

Ein Mädchen verliebte sich einst in einen Jungen, das kommt ja vor. Ihm gefiel es auch, aber aus Prestigegründen konnte er das nicht zeigen, denn das Mädchen war nicht die Schönste im Städtchen, und weil es sich auch nicht gehörte, sich um ein Mädchen zu bewerben, das sich selbst um einen bewirbt. Die Leute würden

denken, man hätte nicht selbst gesucht, sondern sei ausgesucht worden.
Als das Mädchen sah, daß der Bursche sich abweisend benahm, kühlte ihre Verliebtheit ab, aber das Prestige gestattete ihr keinen Rückzug.
Wenn männliches Prestige auf weibliches prallt, ist das Ergebnis im voraus klar – die beiden heirateten.
Drei Tage nach der Trauung wußten sie, daß es ein Fehler gewesen war, aber das Prestige ehrbarer Bürger gestattete ihnen nicht, sich scheiden zu lassen.
Beide hatten einen Widerwillen gegen Kinder, aber aus Prestigegründen setzten sie deren vier in die Welt: Damit ja niemand glaube, daß er nicht imstande sei, Kinder zu zeugen, oder daß sie nicht Mutter sein könne oder daß sie es sich nicht leisten könnten, vier Kinder zu ernähren und großzuziehen.
Da es zwischen ihnen um Prestige ging, hetzte sie die Kinder gegen den Vater auf und er gegen die Mutter. So erzogen sie sie zu Heuchlern und Egoisten, denen es nur um das Prestige ging, und sämtliche Familienmitglieder haßten einander. Aus Prestigegründen ließen sie es sich jedoch nicht anmerken, sondern gaben vor, einander heiß zu lieben und nicht ohne einander leben zu können.
Die Söhne und Töchter heirateten aus Prestigegründen Männer und Frauen, die sie nicht liebten. Das Leben mit dem Prestige ging lustig weiter. Und wenn sie nicht gestorben sind oder durch Feuer und Schwert ausgerottet wurden, dann leben sie noch heute.
Die Weltgeschichte liefert einen klaren Beweis dafür, daß der liebe Herrgott die Menschen nicht allzusehr liebt – er rottet sie aus, wo immer es nur möglich ist, mit

Feuer und Schwert und mit allen möglichen anderen Mitteln. Er hat sie offenbar auch nur aus Prestigegründen erschaffen, damit die geschwänzte Höllenbrut nicht etwa glaube, der Allmächtige sei dazu nicht imstande. Im übrigen hält er sich Satan selbst vermutlich nur aus Prestigegründen, damit – Gott behüte – niemand auf den Gedanken komme, daß der Herr der Welt sich vor Kritik fürchte.

Tontäfelchen mit dem Tagebuch der Amme des Königs Asurbanapal (die leider bislang nicht gefunden wurden) berichten, daß der König ein weiches Herz gehabt habe und jedesmal, wenn seine Soldaten die Einwohner einer ganzen Stadt hingemordet hatten, bitterlich weinte. Den Befehl dazu mußte er ihnen allerdings geben, denn sein Prestige hätte gelitten, wenn er weniger Menschen erschlagen hätte als andere Herrscher.

»Ad majorem gloriam dei«, also in freier Übersetzung »Für das größere Prestige Gottes«, verbrannten die Jesuiten haufenweise Ketzer auf dem Scheiterhaufen, ob es nun wirkliche Ketzer waren oder nur solche, die mit der Folter erpreßte Geständnisse ablegten oder von Denunzianten überführt worden waren. Das Prestige erforderte nur die Menge und ein feierliches Zeremoniell. Dies gibt es übrigens auch in neueren Zeiten, wenn auch die Götter und Jesuiten anders heißen.

Die wirklichen Kriegsgründe sind bekanntlich recht kompliziert, und es gibt darüber verschiedene Theorien. Die Vorwände zu Kriegen sind allerdings stets Prestigefragen. Als 1914 in Sarajewo der Erzherzog Franz Ferdinand ermordet wurde, erklärte Österreich Serbien den Krieg, obwohl niemand in Österreich, Kaiser Franz Joseph inbegriffen, den Erzherzog besonders gern

hatte. Aber es ging um das Familienprestige, wie schon der brave Soldat Schwejk bemerkte: »Ihr habt meinen Onkel erschlagen, also kriegt ihr über die Goschen.«
Jedes Land hat den Wunsch, aus Prestigegründen den Krieg zu gewinnen, obwohl doch die Geschichte sonnenklar und überzeugend beweist, daß Völker, die den Krieg verloren haben, meist (wenn sie es überleben) besser dran sind.
Die Herrscher einer Großmacht greifen häufig militärisch bei ihren kleineren Nachbarn ein, obwohl sie daheim genügend andere Sorgen haben, oder vielleicht gerade deshalb. Es geht wieder einmal ums Prestige. Solch ein leichter Sieg drängt einerseits vorübergehend die Mängel zu Hause in den Hintergrund, und andererseits würde ja das Prestige der Großmacht leiden, wenn so ein kleiner Nachbar bei sich daheim machen könnte, was ihm paßt. Jeder Herrscher hat die Mentalität des Oberleutnants Makovec aus dem »Schwejk«: »Disziplin muß sein, ihr blöden Kerle, sonst würdet ihr wie die Affen auf den Bäumen rumklettern...« Daß so ein Überfall dem Prestige der Großmacht in der Welt meist nicht zuträglich ist, ist eine andere Sache. Aber wenn es ums Prestige geht, sind die Mächtigen dieser Erde bereit, auch das Prestige zu opfern.
Nach solch einem Überfall muß das Prestige der Sieger leiden, da ja, wie schon erwähnt, Prestige vorspiegelt, man sei besser, als man tatsächlich ist – und bei so intimen Beziehungen, wie sie zwischen einer Besatzungsarmee und den Bewohnern des besetzten Landes herrschen, läßt sich der wahre Sachverhalt schwer vertuschen.
Jeder mächtige Herr würde wahrscheinlich den

Wunsch haben, daß sich seine Soldaten anständig benehmen – er selbst hat ja Uhren, Stiefel und Hemden genug, und Päckchen mit Kriegsbeute braucht er auch nicht. Aber da muß das Staatsprestige dem Prestige der Soldaten weichen. Was könnten sie denn zu Hause erzählen, womit prahlen, wenn sie im besetzten Land nicht alles auffräßen, plünderten und vergewaltigten?

Bei Prestigekämpfen zwischen den Mächtigen ergeht es den Völkern so wie der Tochter des Herrn Kohn im jüdischen Witz: Als sie sich beim Vater beklagte, daß ihr Mann sie schlüge, versprach der Vater zu kommen und Ordnung zu machen. Und kaum war er zur Tür hereingekommen, gab er ihr eine kräftige Ohrfeige. Als sich der Schwiegersohn darüber wunderte, erklärte Herr Kohn stolz: »Wenn du meine Tochter schlägst, schlag ich deine Frau.« Die Tochter wurde zwar von beiden Seiten geohrfeigt, aber das Prestige der Familie Kohn wurde gerettet.

In ist in

Man muß halt *in* sein. Egal, wo – und auch was – man ist, Hauptsache, man ist *in*. Wer man ist, ist nicht ganz egal, denn wer *wer* ist, ist somit auch *in*. Man muß aber nicht immer *wer* sein, um *in* zu werden, oft ist man nur deshalb *wer*, weil man *in* ist.

Es gibt verschiedene Ins, für einen Maler ist es ein anderes als für einen Industriellen, auch ein Gastronom und ein Politiker müssen nicht in demselben In sitzen. Natürlich ist das gemischte große In, das Ober-In, das wichtigste. Wenn man jedoch da nicht hineinkommt, ist es wichtig, zumindest irgendwo *in* zu sein. Wer nicht *in* ist, ist aus.

Man kann aus dem In ins Aus kommen, umgekehrt ist es schwieriger. Die meisten im Aus waren aber nie *in*. Wer *in* ist, macht die Musik. Er macht natürlich nicht einfach irgendeine Musik und ganz selten die eigene – er macht die Musik, die *in* ist. Warum sie *in* ist, kann man schwer erklären, außer dadurch, daß sie eben *in* ist. Was *in* ist, muß man einfach wissen – nicht nur um *in* zu sein, sondern auch, um nicht schrecklich aus zu sein.

In jedem In gibt es ein Inner und ein Ganz-In, und in jedem dieser Kreise gibt es nur wenig Platz.

Leute, die nicht *in* sind und keine Chance haben, es je zu werden, bemühen sich, nach der In-Musik zu tanzen, um doch ein bißchen *in* zu sein, *in* im fremden In. Damit machen sie natürlich die Musikanten noch *inner.* Das Verhältnis der Menschen vom Aus zu denen im In ist geheimnisvoll. Es gilt, daß sie es sind, die die anderen ins In bringen – und dies stimmt im großen und ganzen, obwohl sie selbst nicht wissen, wie und wann sie es getan haben. Es wird zwar am In heftig von innen manipuliert – es sind jedoch die Aus-Leute, die die Manipel (und Kohorten) stellen, mit denen man manipuliert. Warum tun sie das? Um zumindest durch Vertreter *in* zu sein. Damit sie über die Musik, die sie nicht machen, sagen können, es sei ihre Musik.

Wer kann sich eine Midlife-crisis leisten?

Jede Krankheit verbreitet sich schnell, wenn sie einmal entdeckt ist. So auch die Midlife-crises.
Zum Beispiel ein Bekannter von mir, Manager in einer großen Firma, hat unterwegs von einer Konferenz in New York im Flugzeug so ein Buch gelesen, durch einen Blick in seinen Terminkalender festgestellt, daß er demnächst fünfzig wird, und sofort hat er bei sich alle Symptome der Krise in der Mitte des Lebens gefunden.
Er entschloß sich, ein für allemal Schluß mit dem Streß zu machen und ein einfaches, naturverbundenes Leben zu führen. Er ließ alles stehen – von allen Zivilisationsgütern hat er nur das Geld von seinem Konto und seine dreiundzwanzigjährige Sekretärin mitgenommen – und fuhr auf die Seychellen.
Schrecklich, was so eine Krise einem Menschen antun kann!
Eigentlich wollte dieser mein Bekannter schon vor fünfundzwanzig Jahren irgendwohin weit weg, mit einer Kommilitonin, die damals auch dreiundzwanzig war. Das Kapital der beiden reichte jedoch damals höchstens für eine Karte in den Harz, und die junge Dame sehnte sich auch nicht nach einem einfachen Leben, sondern ganz im Gegenteil.
Er heiratete also die Kommilitonin und begann eine

erfolgreiche Karriere, die ihn so kaputtmachte, daß er jetzt von derselben Frau weglief, mit der er einst weglaufen wollte – nicht einmal ein Vierteljahrhundert ist es her!
Na, noch gut, daß er das Geld und die Sekretärin in die Krise mitgenommen hat, immerhin ein Stückchen Heimat in der Ferne.
Es muß wohl sehr schlimm sein, wenn die Krise einen überfällt, der mangels Kasse und Sekretärin keine so radikale Kur anwenden kann. Einen Bergmann unter Tage oder einen Bauern auf dem Feld.
Die Midlife-crisis ist aber eine sehr wählerische und anspruchsvolle Krankheit, sie befällt nur die, die es sich leisten können. Es haben sich zwar auch schon mehrere Minderbemittelte krank gemeldet, das sind aber nur angeberische Simulanten. Die werden morgen wieder brav ins Büro oder in die Schule gehen. Kriseln können sie nur zwischendurch in der Freizeit.
Ich kann mir zum Beispiel keine so vornehme Crisis leisten, obwohl ich altersmäßig schon dran wäre. Ab und zu vielleicht ein paar Tage, dann muß ich weiter arbeiten. Schade – ich wüßte einen phantastischen Krisenort für den Winter, am Roten Meer nicht weit von Eilat. Für den Sommer könnte man etwas Schönes irgendwo nördlicher finden.
Ich habe zwar gelesen, daß, wenn man glaubt, keine Krise zu haben, dies der beste Beweis dafür ist, daß man sie hat. Was haben dann aber die, die glauben, daß sie die Krise haben?
Warum kommt aber die Krise nicht zu mir, ich meine bewußt? Vielleicht weil ich auch ohnedies genug zu tun und andere Sorgen habe? Oder bin ich nicht feinfühlig

genug? Oder weil ich keinen direkten Chef und keine Ehefrau habe?
Ich glaube schon, daß es sich eher in den meisten Fällen um Krisen des Mitlebens und nicht in der Mitte des Lebens handelt. Die hat man in jedem Alter: mit den Eltern, mit den Lehrern, mit den Kollegen, Partnern, Kindern...
Die Mitte des Lebens kann man ja auch nicht ausrechnen. Vielleicht soll man so verfahren, wie der Rabbi in einem galizischen Städtchen geraten hat, als Kaiser Franz Joseph einem Lebenslänglichen die Hälfte seiner Strafe erließ: Er sollte abwechselnd einen Tag sitzen und einen Tag frei sein. Also – einen Tag arbeiten, einen Tag kriseln. Nur – wer kann es sich leisten?

Die massenhafte Originalität

Ich glaube, daß es heutzutage kein höheres Lebensziel gibt als das, Individualist zu sein. Das kommt davon, daß wir in solchen Riesenmengen leben.

Die Menscheit hat seit Urzeiten einen unwiderstehlichen Drang, sich zusammenzurotten. Als die Welt noch öd und leer war, als nur da und dort kleine Grüppchen zottiger Geschöpfe durch die Landschaft streunten, scharten sich diese Jungs und Mädchen mit der niedrigen Stirn zu Gruppen zusammen und ließen sich alle an einer Stelle nieder, irgendwo an einer Flußbiegung, obwohl jeder für sich wohl auch tausend Quadratkilometer hätte besetzen können. Sie hatten auch recht, denn in jenen primitiven Zeiten vermochte ein einziger Mensch allein nichts.

Unsere langarmigen Ahnen ahnten wahrscheinlich auch, welche weiteren Vorteile das Kollektiv bringt: Man kann einander beobachten und dafür sorgen, daß keiner weniger umherjagt und besser lebt als die übrigen; man hat auch stets jemanden bei der Hand, mit dem man sich raufen, ja den man im Notfall auffressen kann.

In unseren zivilisierten Zeiten vermag der einzelne noch viel weniger als damals, da man noch Wurzeln sammeln und kleine Tiere auf eigene Faust jagen konnte. Ein

einzelner kann kein Schiff bauen, keine Weltraumflüge unternehmen.
Für einen Menschen, der isoliert lebt, hat Individualismus keinen Sinn. Der fundamentale Glaubenssatz jedes Individualisten lautet: Ich bin anders als die übrigen, ich richte mich nach meinem eigenen Verstand und nicht nach irgendeiner allgemeinen Vernunft. Ein einsamer Jäger hat niemanden, gegen den er seinen Individualismus richten könnte – außer sich selbst und seine Frau. Gegen seine Frau hat sich freilich noch kein einziger Individualist in der ganzen Menschheitsgeschichte je durchgesetzt. Den Nährboden für den Individualisten bietet also das menschliche Kollektiv. Je größer und dichter aneinandergedrängt es ist, desto besser. Denn ein Individualist ist ein Mensch, der sich ständig in das dichteste Gewühl stürzt, um der Masse klarzumachen und zu demonstrieren, daß er kein Massenmensch sei. Bisweilen zieht er sich zwar aus der Großstadt in eine einsame, komfortable Hütte zurück, aber freilich nur dann, wenn er Auto, Fernseher und Telefon hat, damit er mit der Menschheit, die er verachtet, auch ständig Kontakt halten kann. Individualismus, in der Einsamkeit praktiziert und nicht zur Schau gestellt, gewährt kein Vergnügen.
Außerdem braucht jeder Individualist zur Bestätigung seines Individualismus das Beispiel, die Unterstützung und die Anerkennung anderer Individualisten. Deshalb bilden Individualisten die geselligsten Kollektive. Da alle Individualisten sich anders benehmen wollen als die übrigen Leute, benehmen sie sich alle gleich. Echte Individualisten kann man schon an der Kleidung erkennen. Sie rebellieren immer gegen die Mode, mit der

Absicht, die etablierten Nichtindividualisten, die gehorsamen und spießigen Massenmenschen, zu schockieren. Da aber – wie gesagt – die Individualisten die Gewohnheit haben, alle auf gleiche Art individuell zu sein, wird über Nacht aus jedem kühnen Aufruhr gegen die Mode eine neue Mode. Die Oberindividualisten – die meisten üben diese Funktion hauptberuflich aus und verdienen damit ganz schönes Geld – sind zwar gewitzte Leute und lassen sich immer wieder was einfallen. Die Spießer aber sind auch gewitzter geworden; sie haben es satt, sich schockieren zu lassen, das kostet zuviel Nerven. Also machen sie einfach mit den Individualisten mit – schließlich ist die Anpassungsfähigkeit die grundsätzlichste Eigenschaft des Spießertums.
Deshalb wird es schwer zu unterscheiden sein, wer ein Individualist und wer ein Nachahmer ist. Am besten wäre wahrscheinlich, die echten Individualisten in streng organisierten Vereinen zusammenzufassen, mit Mitgliedsausweisen und Bescheinigungen. Die Individualisten sind jedoch auch so zufrieden, denn es ist ein herrliches Gefühl zu sehen, daß sich die eigene Besonderheit in nichts von jener anderer Leute unterscheidet.

Intellektuelle und Bananen

Intellektueller ist keine Berufs- oder Standesbezeichnung. Es gibt intellektuelle Schuster und unintellektuelle Akademiker. Im Wörterbuch steht, daß der Intellektuelle ein Verstandesmensch ist und – in Klammern – »einseitiger«. Ein Pseudointellektueller ist demnach einer, der sich für einen Verstandesmenschen hält und vorwiegend oder ausschließlich von fremdem Verstand lebt. Ich werde versuchen, es anschaulicher zu formulieren. Wenn sich ein Mensch aus Versehen auf eine glühende Herdplatte setzt und so lange sitzen bleibt, bis sein Hintern brennt, weil er nicht begreift, was los ist – was ist so ein Mensch? Ein Trottel. Ein kluger, normaler Mensch wird sofort abspringen. Wenn aber einer sofort begreift, was los ist, und trotzdem auf der glühenden Platte sitzen bleibt, überlegend, ob es richtig sei, abzuspringen, ob es vielleicht nicht seine Pflicht ist, zu bleiben, ja sogar seine historische Mission – das ist kein Trottel, sondern ein Intellektueller. Denn die Intellektuellen sind die einzigen, die sich von abstrakten Wahrheiten und Überlegungen so beeindrucken lassen, daß sie sogar ernsthaft versuchen, danach zu leben. Was sie manchmal zu Helden macht und manchmal zu nützlichen oder unnützen Idioten, oft zu beidem gleichzeitig.

Intellektuelle gab es wahrscheinlich schon unter den Affen. So ein intellektueller Affe hat sich mit einer Banane in der Hand hingesetzt und philosophiert, was eine Banane »an sich« ist, ob die Bananen für die Affen geschaffen worden sind und ob es richtig ist, Bananen zu fressen, die einem doch nichts getan haben. In der Zeit, in der er mit dem Nachdenken beschäftigt war, haben seine nichtintellektuellen Artgenossen alle Früchte weggefressen.
Ein intellektueller Affe konnte natürlich nicht lange am Leben bleiben, es sei denn, daß der Hunger ihn zu Verstand brachte und veranlaßte, seinen Verstand nur in der von der Futterbeschaffung freien Zeit zu strapazieren. Man muß der Menschheit als Pluspunkt anrechnen, daß ihre Intellektuellen zwar mit Mühe, aber doch überleben. Obwohl sie schon immer von den Herrschenden ihres übergroßen Hanges zum Denken wegen verfolgt wurden. Wahrscheinlich liegt es daran, daß die Intellektuellen doch Menschen sind und manchmal in gefährlichen Situationen genauso reagieren wie ihre normalen Zeitgenossen.
In Ländern und Regimen, wo die Freiheit des Wortes, des Denkens, des politischen Lebens unterdrückt wird, spielen die Intellektuellen mit ihrem fanatischen Drang zur Wahrheit und Freiheit eine besondere Rolle: Sie ersetzen die freie Presse und andere demokratische politische Institutionen. Ob sie es wollen oder nicht.
Die klugen und selbstsicheren Herrschenden lassen die Intellektuellen frei reden und schreiben. Dann verlaufen sie sich in solche Tiefen, Nebengassen und Denklabyrinthe, wohin ihnen niemand folgen kann. Oder

sie lassen sich korrumpieren. Jedenfalls werden sie für die Regierenden ungefährlich. Gefährlich sind die Intellektuellen nur für solche Herrscher, die sie unterdrücken.

Vorwärts zurück!

Die Zeiten sind schlecht. Die Jugend ist faul, ungehorsam und hat keinen Respekt vor traditionellen Werten. Die Sitten verfallen. Das Geld verliert ständig an Wert. Die Menschen denken nur an Fraß, Luxus und Spiele. Es gibt Waffen, die die ganze Menschheit ausrotten können. Es ist schwer, keine Satire zu schreiben. Dieser letzte Satz stammt jedoch von einem römischen Dichter und ist etwa neunzehnhundert Jahre alt. Klagen über die untaugliche Jugend hat man auf drei- bis viertausendjährigen ägyptischen Papyri und assyrischen Tontafeln gefunden. Etwa zu gleicher Zeit predigten altchinesische und altindische Philosophen gegen Völlerei und Luxus. Vor Waffen, die ganze Völker vernichten können, warnte ein Papst im frühen Mittelalter, es ging damals um die Armbrust. Die Geldentwertung machte den altgriechischen Politikern Sorgen. Und gegen den Verfall der Sitten donnerten die Moralisten aller Zeiten, seit es Moralisten gibt – und die gab es immer –, denn ohne verdorbene Sitten könnte es keine Moralisten geben.

Die Zeiten waren einfach immer schlecht. Das heißt, nur die Gegenwart ist immer schlecht. In der Vergangenheit gab es seit jeher das Goldene Zeitalter, in dem die Menschheit gut war und das Brot spottbillig.

Freilich, auch in der Vergangenheit lag dies in tiefer Vergangenheit, für die es keine Zeugen gab.
Man glaubt auch seit jeher, daß das Goldene Zeitalter in der Zukunft wiederkommt. Viele versuchen diese Zukunft sogar mit Gewalt herbeizuziehen. Was unklug ist, denn je schneller die Zukunft kommt, um so schneller wird sie zur Gegenwart, also zur schlechten Zeit. Dafür gibt es in unserer Gegenwart genug praktische Beispiele.
Es ist nicht klar, ob Leute, die schnell in die Zukunft entfliehen wollen, Optimisten oder Pessimisten sind. Ist es tatsächlich ein optimistischer Trost zu glauben, daß eine Zeit, in der wir nicht mehr da sind, besser sein wird als die unsere? Ein Optimist ist meiner Meinung nach ein Mensch, der glaubt, daß es sich auch heute leben läßt.
Ebenso schwer einzustufen sind Menschen, die der Zukunft Einhalt gebieten wollen. Es sind ja nicht alles Konservative – die meisten von ihnen sind mit dem heutigen Stand unzufrieden und wollen aus Elementen der Vergangenheit eine neue Zukunft bauen. Und sie halten sich für fortschrittlich.
Zum Beispiel Menschen, die gegen den Bau von Atomkraftwerken protestieren. Es geht nicht darum, ob ein solches Werk in der oder jener Landschaft tatsächlich für die Umgebung gefährlich ist, sondern um das Prinzip. Ohne Atomenergie gibt es für die sich vermehrende Menschheit keine Zukunft, da die Erdöl- und Kohlenvorräte nicht mehr lange ausreichen. Für die Geschichte werden die Protestler tragikomische Figuren sein, wie die Maschinenzerstörer vom Anfang des 19. Jahrhunderts.

Übrigens, die Protestler kommen zu ihren Kundgebungen im Auto, das auch eine teuflische Erfindung ist, die mehr Menschen umgebracht hat als so mancher Krieg. Konsequenterweise müßten sie auch die Abschaffung der Autos, Flugzeuge, Züge, der chemischen Werke und anderer weltverschmutzender technischer Errungenschaften verlangen.

Zurück zur Pferdekutsche? Auch die war nicht ungefährlich, und ihre vierbeinigen Motoren verschmutzten die Umwelt nach Kräften. Nur die Sänfte und die Rikscha waren umweltfreundlich. Um diese Verkehrsmittel wieder einzuführen, müßte man aber die Arbeitsgesetzgebung und die Gewerkschaften liquidieren und zur Sklaverei zurückkehren. Was wohl auch nicht allen gefallen wird.

Andere fortschrittliche Leute, von den chemieverseuchten Nahrungsmitteln angewidert, versuchen ihr Naturgemüse selbst zu züchten und ihre Naturferkel selbst zu füttern. Als Hobby ist es schön, aber als Ausweg für die Menschheit taugt es nichts, denn die Produktivität ist bei diesen Vorgängen zu niedrig. Alle Menschen müßten sich nur mit der Beschaffung der Nahrung beschäftigen, es bliebe ihnen keine Zeit für etwas anderes.

Und konsequent ist es auch nicht. Ich habe zwar keine Zeitungen aus der Zeit gelesen, als man natürlichen Dünger in die Landwirtschaft einführte, kann mir aber vorstellen, wie empört die damaligen Gesundheitsapostel waren, daß sie Brot essen sollten, welches aus menschlichem und tierischem Kot wächst.

Echte Naturkost sind nur freiwachsende Pflanzen und Fleisch von freilebenden Tieren. Eine Rückkehr zu dieser Ernährungsart könnte zwar auch alle anderen Pro-

bleme lösen – mit den Atomkraftwerken, mit den betonklötzigen Großstädten, mit dem Numerus clausus und der Schulmisere, denn dies alles wird mangels freier Arbeitskräfte und mangels Notwendigkeit von allein eingehen. Ja selbst das Problem der Bevölkerungsexplosion wäre dadurch gelöst – durch Hungersnot.
Ist das aber eine wünschenswerte Lösung?

Die ferne Zukunft der Archäologie

In ferner Zukunft wird Archäologie der populärste und einfachste Beruf sein – unsere Zivilisation wird weit mehr materielle Spuren hinterlassen als jede andere, die vor uns war. Oder gab es vielleicht auf der Erde schon eine ähnlich massenhafte Zivilisation – irgendwann vor so langer Zeit, daß wir ihre Spuren noch nicht entdecken konnten?

Wann diese ferne Zukunft kommt, weiß ich nicht. Das hängt davon ab, auf welche Art und wie gründlich wir uns auslöschen werden. Es kann natürlich passieren, daß irgendwo auf dem Erdball kleine Grüppchen von Menschen überleben, die schon in einigen wenigen Jahrtausenden imstande sein werden, eine neue Zivilisation zu entwickeln. Es kann aber auch sein, daß die Natur einige Millionen von Jahren brauchen wird, um eine neue Art von intelligenzbegabten Lebewesen hervorzubringen, deren Organismen radioaktive und andere Giftstoffe als Bausteine integrieren werden.

Wir wissen natürlich nicht, was alles die künftigen Archäologen finden werden und in welcher Reihenfolge, das ist immer Zufallssache. Sie werden so kleine Zeitspannen, wie die zwischen Gotik und der Epoche der Betonklötze, bestimmt nicht detailliert auseinanderdividieren können. Für uns verschwimmen ja auch die Kul-

turen der alten Ägypter, der Juden der Bibelzeit, der Babylonier und der Sumerer in einem Begriff des Altertums, obwohl zwischen ihnen Jahrtausende lagen.
Als gemeinsame Charakteristik unserer Architektur werden die künftigen Archäologen feststellen können, daß der Mensch luft- und lichtscheu war, daß er aber hinter den Mauern vor allem Schutz vor anderen Menschen suchte. Die ausgiebigen Knochenfunde auf Schlachtfeldern und in Massengräbern werden sie ja belehren, daß die Hauptbeschäftigung der Menschen war, einander zu töten. Unweigerlich werden sie zu dem Schluß kommen müssen, daß wir Kannibalen waren – es gibt keine andere vernünftige Erklärung. Normale Friedhöfe werden sie wohl für Abfalldeponien von größeren Restaurants halten.
Sie werden wahrscheinlich eine Bibel finden. Ob sie darin einen religiösen und moralischen Kodex vieler Generationen erkennen, ist zu bezweifeln – die materiellen Spuren unseres Tuns werden dieser Auffassung widersprechen. Der Zufall kann freilich bewirken, daß

die Archäologen der Zukunft nicht die Heilige Schrift, sondern ein Exemplar von »Mein Kampf« oder die Broschüre irgendwelcher Satansanbeter beziehungsweise eine von einem Baal-Priester beschriftete Tontafel finden und diese für die Quintessenz unseres Geistes halten werden.

Diktatur

Es scheint logisch zu sein, daß in einer Diktatur alles von dem Charakter, von den persönlichen Eigenschaften des Diktators abhängig ist.

Diese Logik trügt.

Die persönlichen Qualitäten eines absoluten Alleinherrschers sind absolut unbedeutend. Kein Diktator herrscht allein; allein kann man nicht diktieren – jemand muß das Diktat aufnehmen und weiterdiktieren. Der echte Alleinherrscher in einer Diktatur ist die Furcht: die Fucht der Herrschenden vor dem Volk und ihre Tochter, die Furcht des Volkes vor den Herrschenden. Die individuelle Macht des Diktators ist nur dazu nötig, Macht zu verleihen. Die einzige Macht, die er besitzt, ist die, die er an seine Helfer delegiert. Sie delegieren sie weiter an ihre Helfer und Helfershelfer, und das ist wiederum die einzige Gewalt, die sie haben. Dadurch sind alle von allen abhängig, die Unteren von den Oberen, die Oberen von den Unteren.

Die Macht hält sich durch die Angst, die Macht zu verlieren. Diejenigen, die am wenigsten zu verlieren haben, haben auch am wenigsten Angst. Die größte Angst hat der Diktator selbst.

Deshalb kann es keine guten und keine schlechten Diktatoren geben, es gibt nur Diktaturen. Der beste Mensch wird zum Diktator, wenn er zum Diktator wird. Es ist nicht die Machttrunkenheit, die ihn verändert, es ist die Angst.

Die Angst der großen und kleinen Diktatoren ist furchtbar, furchterzeugend, furchterregend und furchtverbreitend. Man stirbt aber an dieser Angst selten – viel öfter wird man zum Mörder.

Die Diktatur ist eine Schwester der Demokratie, da auch sie die Menschen korrumpiert. Sie korrumpiert durch Macht, weil sie zu arm ist, um mit Geld zu korrumpieren.

Und sie wird nie reich werden, weil die Diktatoren aller Stufen zuviel Zeit und Kraft für den Präventivkrieg – jeder gegen jeden – verbrauchen, den ihnen ihre Angst aufzwingt. Es bleibt nicht genug für produktive Arbeit.

Es bleibt ihnen jedoch Zeit und Kraft genug, um jede produktive Arbeit, die nicht unmittelbar der Erhaltung und Stärkung ihrer Macht dient, zu verhindern. Die Macht kann nicht zulassen, daß jemand, der keine Macht besitzt, selbständig denkt und arbeitet, daß er irgendeinen Erfolg erreicht. Das würde das Prestige der Macht schmälern.

Eine Diktatur kann also keinen Wohlstand für alle produzieren. Sie darf es auch nicht, obwohl sie es immer als Ziel deklariert. Relativer Wohlstand darf nur als Begleiterscheinung der relativen Macht auftreten. Könnte es in der Diktatur einen Wohlstand für Menschen ohne Macht geben, hätten die Leute eine Alternative; sie könnten sich entscheiden, ob sie nach Macht oder nach Wohlstand streben wollen, und das würde das ganze System auflösen. Der als Belohnung zugeteilte, abge-

stufte Wohlstand ist ein Machtinstrument, und die Diktatur kann ihn nicht aus der Hand geben.
Die Diktatur ist eine Schwester der Demokratie, da sie sich auch edle gesellschaftliche Ziele steckt. Sie ist aber ohnmächtig, diese Ziele zu erreichen – noch ohnmächtiger als die Demokratie –, da sie dauernd Ohnmacht produziert. (Vorsicht aber: Diese Ohnmacht bildet eine Quelle schrecklicher destruktiver Macht!)
Deswegen ist es absolut egal, ob der Diktator auch an die edlen Ideen, die er verkündet, glaubt oder nicht, ob er ein Prophet oder ein Phantast, ein besessener Weltverbesserer oder ein einfacher machtgieriger Gauner ist. Letzten Endes bestimmen die Methoden das Ziel. Der Diktator ist nur ein Rad im Mechanismus, nicht einmal das wichtigste. Die Stabilität einer Pyramide bewirkt nicht die Spitze. Ein Diktator kann ein Idiot oder ein Genie sein, er kann sogar tot sein, wenn man es geheimzuhalten vermag – das ändert nichts an dem System.
Die Legenden vom guten Herrscher und die Legenden vom bösen Herrscher sind ein Teil des Systems – das Aushängeschild. Als Personifizierung des Regimes hat der Diktator aber für die Stützen des Regimes eine große Bedeutung. Er ist der große Gewissensreinmacher – er zwingt diese Leute dazu, wozu sie gezwungen werden wollen. Sein Vorteil ist, daß er sterblich und stürzbar ist – nach seinem physischen oder politischen Tode kann man ihm alle Verbrechen des Systems ankreiden.
Es gibt keine verschiedenen Sorten von Diktatur, so wie es nur eine Angst gibt und ein Machtgefühl. Die Eigenschaften der Diktatur können nur tautologisch beschrie-

ben werden – eine Diktatur ist eine Diktatur. Alle Adjektive, mit denen man sie versieht, sind lächerlich. Eine »humane Diktatur« ist so etwas wie eine »heilvolle Pest«. »Fortschrittliche Diktatur« kann man als »progressive Paralyse« übersetzen. Mildere Diktaturen sind einfach schwächere Diktaturen.

Vogelfreiheit

Es passierte in Bologna: Tierfreunde versuchten Vögel aus dem Zoo zu befreien. Sie schlichen sich an einem Tag, an dem der Zoo geschlossen war, an die Käfige von Pfauen, Fasanen und Tauben, öffneten sie und liefen davon. Dann haben sie eine Nachrichtenagentur angerufen, um die Befreiungsaktion bekanntzumachen. Als die Journalisten am Tatort auftauchten, zeigte sich, daß die Vögel alle noch in ihren Volieren waren – sie dachten gar nicht daran, in die Freiheit zu türmen.

Man kann diese Geschichte auf verschiedene Arten interpretieren. Man kann sagen: Die armen Tiere mit ihren Vogelgehirnen haben gar nicht begriffen, welche Chance sich ihnen da bietet. Es soll ähnliches auch Menschen schon passiert sein.

Man kann auch über die Sklavenmentalität meditieren – die Vögel waren wohl schon lange in ihren Käfigen, vielleicht wurden sie gar in ihnen geboren und konnten sich kein anderes Leben als das in Gefangenschaft vorstellen. Auch solche Einstellung ist den Menschen nicht unbekannt.

Es ist aber auch gut möglich, daß alles anders war; daß die Vögel sehr wohl verstanden haben, welche Gelegenheit ihnen die offenen Türen boten, beschlossen jedoch, wohlüberlegt und weise, lieber im Zoo zu bleiben.

Ich weiß, daß diese Überlegung sehr unmodern, ja reaktionär ist, es gibt jedoch eine Reihe guter Argumente, die für sie sprechen: Im Käfig sind die Vögel in Sicherheit, werden vor Kälte und Hitze, vor Tieren und Menschen geschützt, und sie werden regelmäßig gefüttert. Bei Verlassen der Käfige würden sie das alles verlieren. Und das einzige, was sie dafür bekommen, ist die Freiheit.

Freiheit ist ein abstrakter Begriff, der den meisten Vögeln – wenn es nicht gerade Adler sind – genausowenig bedeutet wie den meisten Menschen. Der Unterschied ist nur, daß die Vögel ihre Schnäbel nicht so weit aufreißen, um die Freiheit in höchsten Tönen zu besingen.

Tatsächlich – was hätten Pfauen, Fasanen und Tauben in Bologna mit ihrer Freiheit anfangen können?

Am besten wären noch die Tauben dran: Sie könnten in der Stadt leichter als die anderen Vögel Futter finden und weniger leicht eingefangen werden. Sie könnten auch ohne Schwierigkeiten irgendwohin fliegen, sozusagen emigrieren – nachdem es ihnen gelungen wäre, den eifrigen italienischen Jägern auszuweichen.

Fasanen mit ihrem schmackhaften Fleisch und die schönen, aber ungeschickten Pfauen hätten in der Freiheit keine Überlebenschancen gehabt. Sie wären Hunden, Kindern, Jägern, wilden Automobilisten und, im Endeffekt, Köchen – Bologna ist ja für feine Küche berühmt – ausgeliefert!

So gesehen war die Entscheidung der Vögel klug und ganz menschlich.

Man muß aber auch über jene Tierfreunde nachdenken, die sie befreien wollten. Sie handelten sicher in der besten Absicht. Sie gaben sich die Mühe, über den Zaun in den verschlossenen Zoo zu steigen, riskierten dabei ihre eigene Freiheit. Sie haben aber gar nicht überlegt, ob sie den Vögeln damit einen Gefallen tun. Sie waren von ihrem Begriff der Freiheit so überzeugt, daß sie sich wohl keine Gedanken darüber machten, was mit den Vögeln geschieht, wenn sie erst vogelfrei sind.

Diese Gleichgültigkeit dem weiteren Schicksal der Befreiten gegenüber scheint ein allgemeiner Mangel all jener zu sein, die irgend jemanden partout befreien wollen, ohne ihn gefragt zu haben, ob er es will. Auch dies ist ein sehr reaktionärer Gedanke. Vielleicht wird man ihn mir widerlegen.

Wanzen sind Ehrensache

Prestige- und Statussymbole ändern sich schnell. Wem kann man heute noch mit einem Straßenkreuzer imponieren? Höchstens Teenagern oder Osteuropäern. Selbst ein Privatjet zeugt nur von Reichtum, nicht von dem Rang seines Besitzers.

Wahrscheinlich hat man allgemein noch nicht begriffen: Wer heute beweisen will, daß er wer ist, muß den Nachweis erbringen können, daß man ihm Abhörgeräte anzuhängen versucht. Ein Politiker, den man sich nicht abzuhören bemüht, hat wahrscheinlich nichts zu sagen. Ein Unternehmen, dem die Konkurrenz keine geheimen Mikrofone zwecks Industriespionage ins Haus geschmuggelt hat, hat sicher nichts Neues zu bieten. Eine Frau, deren Mann keine Minisender in ihre Lieblingsbrosche und in ihre Puderdose eingebaut hat, wird nicht wirklich geliebt. Eine Party, bei der keine Meistererzeugnisse der Radiophonie unter den Tischen und in den Cocktailoliven stecken, ist eine Versammlung von Nieten. Ein Diplomat, der feststellt, die verbrauchten Minibatterien in den »Wanzen«, die die Wände seines Arbeitszimmers zieren, sind nicht ausgetauscht worden, weiß, daß man ihm aus der Zentrale kein wirklich geheimes Dokument mehr zuschickt und daß seine Pensionierung vor der Tür steht.

Früher hat man ganz primitiv geprahlt. Wie jener Texaner, der seinem russischen Freund erzählte: »Wenn ich bei Morgendämmerung in mein Auto steige und um alle meine Felder fahre, komme ich erst bei Sonnenuntergang nach Hause zurück.« – »Ja«, antwortete der Russe, »solche Autos haben wir auch.«
Oder wie die Eheleute Meier: Als Herr Meier erst kurze Zeit Direktor eines großen Unternehmens war, brachte er seine Frau zum Betriebsball mit. »Siehst du diese kesse Blondine da?« erklärte er ihr. »Das ist die Geliebte unseres Generaldirektors. Und diese temperamentvolle Brünette ist die Geliebte vom Personalchef. Die schlanke Rothaarige da an der Bar – das ist die meine.« Frau Meier wollte gleich weinen. »Wie kannst du mir so was antun! Wir leben fünfzehn Jahre glücklich miteinander...« – »Aber Liebling, versteh doch«, antwortete Herr Meier, »als Direktor muß man eine Geliebte haben! Wie würde ich neben den anderen aussehen, wenn ich keine hätte! Das ist doch eine Prestigefrage!« Frau Meier überlegte eine Weile und sah sich alle drei Damen gut an. Dann flüsterte sie ihrem Mann zu: »Weißt du, Hansi, die unsere ist doch die schönste!«
Also, mit dieser Art von Protzerei ist es vorbei. Jetzt wird Frau Meier erzählen: »Wissen Sie, Frau Schulze, seitdem mein Mann Direktor ist, haben wir überall Wanzen. Die scheuen keine Mühe und schießen ihm in jeden Teller Suppe einen Minisender extra.«
Jetzt werden wir endlich feste Kriterien für den Wert eines Menschen haben. Man muß nicht mehr lange erklären, was jemand schafft und welche Position er hat. Die bei den schwankenden Währungskursen unsichere Schätzung »dieser Mann ist zehn Millionen Dollar

wert« wird durch eine absolut klare ersetzt: »Dieser Mann ist zwanzig Wanzen wert.« Jeder Leiter wird danach beurteilt werden, wie viele Halbleiter man auf ihn ansetzt. Für besonders verdiente und bedeutende Menschen wird man goldene Ehrenwanzen herstellen und ihre Telefone mit silbernem Draht anzapfen.
Wer keine Wanzen im Haus hat, ist gesellschaftlich absolut unbedeutend, oder, wie man heute sagt, irrelevant. Irgendein Doktorand der Germanistik wird schon beweisen, daß »Relevanz« wortgeschichtlich von »Relais« und »Wanze« abstammt.

Befreit die Musik!

Unter dem Motto »Befreit die Musik!« tagten in Hamburg Vertreter mehrerer Initiativen, die gegen Konventionen kämpfen und das Musikleben revolutionär verändern möchten.

»Die Behauptung, daß sich die Funktion des Dirigenten erst im 18. und 19. Jahrhundert entwickelt hat, ist eine Zwecklüge der Historiker, die dem Dirigenten den Anschein einer verhältnismäßigen Modernität geben soll«, sagte der Musiksoziologe Dr. Horst Lautbläser, Vorsitzender der Gruppe »Individueller Ton«. »Jeder, der die menschliche Natur nur ein wenig kennt, weiß, daß es viel früher Menschen gab, die andere dirigieren wollten, als solche, die ein Musikinstrument spielen konnten. Der Taktstock ist nichts anderes als eine dezente Art des Knüppels des Aufsehers, der in der Antike Sklaven zum Singen im Rhythmus der Arbeit antrieb. Es spottet allen Prinzipien der Demokratie, wenn *ein* Mensch ein ganzes Orchester zwingen kann, dasselbe Stück zu spielen, und das noch genau nach seinen Anweisungen. Nieder mit der Diktatur des Dirigenten, es lebe die freie Entfaltung der Orchestermitglieder!«

Freia Hohe-Zäh, Sprecherin der Frauenvereinigung »Die Musike«, wies auf das weibliche Geschlecht des Wortes »Musik« und seine Abstammung von weib-

lichen Musen hin. »Die verdammte Männerherrschaft unterteilte die Stimmen in Lagen, um Frauen zu diskriminieren und ihnen die Karriere als Bässe oder Baritone zu versperren, obwohl mehrere Frauen in der Lage wären, in diesen Stimmlagen zu singen. Warum haben selbst weibliche Stimmlagen männliche Namen? Warum gibt es einen Heldentenor und keine Heldinnensoprane? Entweder muß frau alle Stimmlagen den Frauen zugänglich machen oder die diskriminierenden aus der Musik verbannen. Schließlich konnten Männer schon immer Sopranisten werden, wenn sie sich kastrieren ließen. Dies wäre auch heute die richtige Lösung«, meinte Frau Hohe-Zäh.

»Bei der heutigen hohen Musikerarbeitslosigkeit«, sagte Frank Freifiedler von der Initiative »Musiker für gerechte Arbeitsteilung«, »ist es unverantwortlich und ein krasser Fall von Ausbeutung, daß ein Geiger beide

Teile des Instruments bedient. Der Gerechtigkeit wegen und um Arbeitsplätze zu schaffen, müßte man diesen Arbeitsvorgang an zwei Spezialisten verteilen – den Zuhälter, der die Geige seinem Kollegen unter das Kinn hält, und den Streicher. Als positiver Nebeneffekt käme dazu, daß die unzeitgemäße Bezeichnung ›Geiger‹ verschwinden würde, die unliebsame Assoziationen mit dem Geigerzähler hervorruft.«

Alle diese Forderungen, und einige mehr, gingen in die Resolution der Versammlung ein. Die Versammlung begrüßte auch die Verurteilung eines renommierten Pianisten, der einen der Besucher seines Konzerts tätlich angegriffen hatte. Der Musiker fühlte sich von dem in der ersten Reihe sitzenden Mann provoziert, der während des ganzen Konzerts die Kopfhörer seines Walkmans auf den Ohren hatte. Der Angegriffene konnte jedoch vor Gericht beweisen, daß er sich den Auftritt ebendieses Musikers anhörte, der vom Funk live übertragen wurde. Die Musikrevolutionäre qualifizierten das Benehmen des Pianisten als reaktionären Ausfall gegen zeitgemäße Formen des Musikkonsums.

Zum feierlichen Abschluß der Tagung intonierte die achtzundzwanzigköpfige Bläsergruppe »Jericho« ihre »Disharmonischen Fanfarenstöße«. Jericho steht auf dem Standpunkt, daß in der modernen Musik nicht wichtig ist, was, sondern wie laut man spielt.

Der größte Prozeß

Die Medien haben diesmal nicht übertrieben: Es war tatsächlich der größte Prozeß der Weltgeschichte – mit siebzehn Richtern, dreihundertdreiunddreißig Geschworenen, siebenundvierzig öffentlichen Anklägern und ebenso vielen Verteidigern. Während der Übertragungen aus dem Gerichtssaal gab es wohl kein einziges Fernsehgerät in der ganzen Welt, das nicht eingeschaltet gewesen wäre. Dieser Fall betraf schließlich unmittelbar jeden Bewohner unseres Planeten.

Der einzige, der den Glanz der Verhandlung störte, war der Held des Prozesses, ein Bauer mit faltigem Gesicht, in einem offensichtlich geborgten schwarzen Anzug. Der Angeklagte wußte nicht, wohin mit den Händen, er wagte nicht einmal, seine Krawatte, die ihn drückte, zurechtzurücken.

Sein Alter ließ sich weder aus seinem Aussehen ermitteln noch aus seinen Papieren, denn er hatte nie welche gehabt. Wegen der Bestimmung seines Alters, seiner Nationalität und seiner Staatsangehörigkeit wurden mehrere Jahre lang Diskussionen geführt, ohne Ergebnis.

Ja, seine Existenz selbst ließ sich nicht nachweisen. Seine leibliche Anwesenheit war zwar augenscheinlich, aber selbstverständlich rechtlich von keinerlei Belang.

Im Interesse der prinzipiellen Bedeutung des zu klärenden Problems beschloß das Gericht, auf die üblichen Fragen zur Person zu verzichten. Zwar mußte deshalb die ganze Prozeßordnung geändert werden, da aber der Internationale Gerichtshof nach jahrelangen Überlegungen beschlossen hatte, sich mit der Revision dieses Falles, der fast sechstausend Jahre alt war, zu befassen, wollte er sich die Sache nicht durch hartnäckiges Festhalten an Vorschriften verderben lassen.
Die gelehrten Herren Juristen sahen den Mann, über dessen Schuld oder Unschuld sie verhandeln sollten, lieber nicht an, damit sie sich nicht zu schämen brauchten. In ihrer Praxis hatten sie zwar oft so tun müssen, als hätten sie sich um des Mannes willen versammelt, der auf der Anklagebank saß, aber diesmal fiel ihnen das besonders schwer. Es war beinahe grotesk; der angeklagte Einfaltspinsel entsprach keineswegs der Bedeutung ihrer Causa.
»Sind Sie Kain, Sohn des Adam?«
»Ja...«
»Gestehen Sie, daß Sie Ihren Bruder Abel mit einem stumpfen Gegenstand, vermutlich mit einem Dreschflegel, erschlagen haben?«
»Ja!«
Der Angeklagte sah den Richter etwas begriffsstutzig an, denn diese Dinge waren doch allen seit Jahrtausenden bekannt.
»Warum haben Sie es getan?«
»Er war ein Lump, Herr Vorsitzender. Seine Schafe trampelten ständig in meiner Gerste rum, obwohl es ringsum Weiden in Hülle und Fülle gab. Wenn ich einmal auf ein Stückchen Fleisch Appetit hatte, ver-

langte er für ein zähes altes Schaf fünf Sack von meinem besten Weizen. Wissen Sie, wieviel Steine ich wegschleppen mußte, ehe ich den Acker für die Weizensaat saubergemacht hatte? Und dann hat Abel mich auch noch verspottet, hat gesagt, ohne Fett gebackene Fladen seien nur was für Ochsen und für mich. Ich war schon ein paar Mal nahe daran, ihm eins aufs Dach zu geben. Und dann passierte noch die Sache mit dem Opfer. Abel machte sich andauernd lustig über mich. Der Herr wolle mein Opfer nicht, sagte er, weil es nach Schweiß stinke ...«

Einer der Staatsanwälte sprang auf. »Sie gestehen also, daß Sie Ihren Bruder haßten, ihn um seinen Reichtum beneideten und den Mord schon früher planten?«

Noch bevor der Angeklagte etwas erwidern konnte, bat einer der Verteidiger, Professor Watters, um das Wort: »Hoher Gerichtshof, die Anklage versucht, uns hier mit der Theorie zu überfahren, daß es sich um einen wohlerwogenen Mord handle ...«

»Um vorsätzlichen Brudermord!«, unterbrach ihn der Ankläger, der soeben gesprochen hatte.

»Die Verteidigung kann beweisen, daß es sich weder um einen Brudermord handelt noch um einen Mord überhaupt. Da Kain und Abel die ersten Brüder in der Geschichte des Menschengeschlechts waren, konnte ihnen der Begriff ›Familienbande‹ kaum bekannt sein. Die Familienbande entstanden erst später, als die Familie sich gegen andere Familien behaupten mußte und so zu einer Schutzgemeinschaft wurde. Weiter: Dem einhelligen Gutachten aller christlichen und jüdischen Theologen nach war Abel der erste Mensch, der gestorben ist.

Kain konnte also gar keinen Mord begehen, das heißt, einen Menschen mit Absicht ums Leben bringen, denn er wußte ja gar nicht, daß es möglich ist, einem Menschen das Leben zu nehmen und daß solch ein Ereignis als Folge seines Handelns unweigerlich eintreten müsse.

Kain verletzte kein gültiges Gesetz, denn die erste Rechtsnorm, die Blutvergießen verurteilte – ich zitiere: ›Wer Menschenblut vergießt, des Blut soll durch Menschen vergossen werden...‹ –, wurde erst zu Noahs Zeiten, also etwa ein Jahrtausend später, erlassen, siehe Erstes Buch Mose, Kapitel neun, Vers sechs. Und das ausdrückliche Verbot ›Du sollst nicht töten‹ wurde sogar erst zu Mose Zeiten – siehe Mose zwei, Kapitel zwanzig, Vers dreizehn – verkündet, also noch viel später...«

Einer der Ankläger, Monsignore Dottore Terracini, hielt nun den Augenblick für gekommen, das Gericht für unzuständig zu erklären. Kain, sagte er, sei schon einmal verurteilt worden, und zwar vom Ewigen, dem Obersten Richter, dessen Urteil von keiner niedrigeren Instanz, also von keinem menschlichen Gericht, revidiert werden könne.

Das Gericht wußte, daß der Monsignore diesen Einwand erheben würde, und der geistliche Herr wußte, daß das Gericht ihn ablehnen würde, unter Berufung auf den Vers sechs des Kapitels neun des Ersten Buchs Mose, was auch geschah. Aus der erwähnten biblischen Bestimmung, sagte der Vorsitzende, sei die Absicht des obersten Gesetzgebers ersichtlich, alle Fälle von Gewaltanwendung der menschlichen Kompetenz zu überantworten; somit handle es sich hier nicht um eine Revision des Urteils, sondern um eine Wiederaufnahme in der ersten Instanz.

Monsignore Terracini wollte der Heiligen Kirche indes nur ein Alibi verschaffen. Denn ehe es zu dieser Gerichtsverhandlung gekommen war, hatte man sich an die zwanzig Jahre darüber gestritten, ob der Prozeß überhaupt stattfinden sollte, und die Anhänger der verschiedensten Ideologien hatten sich nicht einigen können, ob sie daran teilnehmen sollten.

Besonders erbittert waren die Diskussionen innerhalb der Kirche und unter den marxistischen Theoretikern gewesen. In beiden Lagern nahm man anfangs überwiegend einen ablehnenden Standpunkt ein. Die religiösen Dogmatiker beharrten darauf, daß ein Spruch Gottes unabänderlich sei; die marxistischen gingen dagegen von dem Dogma aus, daß Gott nicht existiere und somit auch nicht der Prozeßgegenstand, nämlich Kains Mord.

Die freisinnigen Theologen hingegen verlangten den Prozeß, um der Theorie des »Kainzeichens« und der Erbsünde ein Ende zu setzen, weil ihrer Meinung nach Determinismus mit der moralischen Sendung der modernen Kirche unvereinbar sei. Die freisinnigen Marxisten wiederum erklärten, das Problem des Determinismus und die Rolle der Gewalt in der Entwicklung der Gesellschaft müßten geklärt werden, egal, ob Kain wirklich existiert habe oder nicht.

In der Diskussion dominierten auf beiden Seiten die Modernisten, die Entscheidungsgewalt lag jedoch bei den Konservativen. Daß im Endeffekt Theologen und Kommunisten an dem Verfahren teilnahmen, war nicht einem Sieg der feurigen Argumentation junger Professoren zuzuschreiben. Die führenden Leute waren einfach zu der Ansicht gekommen, der Prozeß werde ein hervorragendes Forum dafür bieten, über die Schuld an der in der heutigen Welt herrschenden Gewalt zu diskutieren. Und dieses Forum dürfe man nicht den Gegnern überlassen.

Es wurde freilich nicht öffentlich bekanntgegeben, daß die offizielle Meinung geändert worden war. Aber ein Kurienkardinal hatte vor der Versammlung afrikanischer Bischöfe den unauffälligen Satz geäußert: »Gottes Wahrheit fürchtet nicht das Urteil der Menschen.« Und ein Mitglied des Politbüros der KPdSU wetterte auf einer Konferenz der politischen Armeekommissare gegen die Imperialisten und Zionisten, welche die Kommunisten als Parteigänger der Gewalt verurteilten, obwohl die Gewalt ihr eigenes Mittel war. »Unsere revolutionäre Gewalt, Genossen, ist eine humane Gewalt, sie ist auf die Beseitigung jeglicher Gewalt gerichtet«, sagte er. Alle hatten diese Anspielungen verstanden, und die Juristen auf beiden Seiten begannen, sich auf den Prozeß vorzubereiten.

Der Protest des Monsignore Terracini sollte der Kirche nur ein Hintertürchen öffnen – für den Fall, daß der Prozeß nicht nach ihrem Geschmack ausginge. Nachdem das Gericht den Protest Terracinis abgelehnt hatte, kam es während der folgenden zwölfhundertachtzig Verhandlungstage nicht mehr dazu, das Verhör Kains fortzusetzen. Die gelehrte Argumentation der Staatsanwälte, der Verteidiger und der Sachverständigen füllte Dutzende dicker Bände des Gerichtsprotokolls.

Schon nach kurzer Zeit ließ sich kaum mehr herausfinden, wer Kain verteidigte und wer ihn anklagte. Die

Unterschiedlichkeit der Kriterien bewirkte, daß das, was der eine als Verteidigung ansah, vom anderen als Anklage betrachtet wurde. Ein Staatsanwalt widerlegte den anderen, ein Theologe den anderen Theologen, ein Revolutionär den anderen.

Als zum Beispiel einer der Advokaten behauptete, der arme Ackermann Kain habe ganz im Sinne der Ideen des großen Mao die ungerechte Verteilung des Besitzes der Klassen ausgeglichen, indem er den reichen Schäfer Abel erschlug, erwiderte ihm ein liberaler Verteidiger, man könne einem bloßen Familienzwist nicht die niedrigen Motive des Klassenhasses und das Bestreben unterstellen, die von Gott eingeführte Gesellschaftsordnung zu stürzen. Dagegen fuhr einer der kommunistischen Ankläger Kain als ersten Vertreter der trotzkistisch-anarchistischen Methode des individuellen Terrors an. Einer der christlichen Verteidiger wies darauf hin, Gott habe Kain gemäß Vers fünfzehn, Kapitel vier des Ersten Buchs Mose mildernde Umstände zugebilligt, indem er den Menschen verboten habe, Kain zu töten, und zwar nach dem Grundsatz, daß wer unwissend sei, nicht sündigen könne. Darauf erwiderte einer der kirchlichen Ankläger: Indem Gott verboten habe, Kain das Leben zu nehmen, habe er eigentlich dessen Strafe verschärft, denn der Herr habe ihn dadurch zur Verbannung und Schwerstarbeit auf unbestimmt lange Lebenszeit verurteilt – siehe das erwähnte Kapitel, Vers elf und zwölf. Dies führte nun zu einer mehrere Tage währenden Debatte darüber, ob das Leben auf Erden in seiner heutigen Gestalt dem Menschen als Lohn dafür gegeben sei, daß er das Ebenbild Gottes ist, oder als Strafe für die Sünden Adams und Evas.

Als das Gericht nicht mehr weiter wußte, erinnerte es sich von neuem an Kain. Doch das Verhör des Angeklagten brachte die Herren auch nicht weiter. Auf die Frage des Vorsitzenden: »Sind Sie sich dessen bewußt, daß Sie durch Ihre Tat der ganzen Menschheit ein schlechtes Beispiel gegeben haben?« erwiderte Kain verlegen: »Ich weiß von nichts, sehr gelehrte Herren. Ich habe dem aufgeblasenen Hammel eins übergezogen, weil er zu mir gesagt hat, du stinkst. Wenn einer sich von früh bis spät mit dem Pflug abrackert, Steine schleppt, Wassergräben aushebt, dann kann er natürlich nicht duften ... Der Abel, ja der konnte fein riechen, der hat schon zum Frühstück einen Laib Schafskäse verdrückt, dazu einen Krug Milch. Er hat sich den Bauch mit weißen Fladen aus meinem Weizen vollgestopft und jeden Mittag ein Lamm mit Rosmarin gebraten. Dann lag er im Gras und blies auf der Schalmei ... Er hat mich einen Stinker geschimpft, da haute ich ihm eins auf die Rübe ...«
Schließlich half einer der Verteidiger dem Gericht aus der Klemme. Er erinnerte das Gericht daran, daß es für die Tat keine Zeugen gebe. Allein das Geständnis des Angeklagten könne nicht als hinreichender Beweis gelten.
Und das stimmte. Daß Gott, der einzige Tatzeuge, nicht vors Gericht geladen werden durfte, darüber waren sich alle einig. Die Atheisten konnten solch einen augenscheinlichen Beweis der Existenz des Allmächtigen nicht zulassen, obwohl sie Gott gern als Mitschuldigen angeklagt hätten, weil er Kains Tat ja hätte verhindern können, es aber nicht getan hatte. Und auf eben einen solchen Disput mochten sich die Gläubigen nicht ein-

lassen. Deshalb beharrten sie auf dem Standpunkt, daß die Anwesenheit Gottes, der als allerhöchster Richter oberster Vorgesetzter des Gerichtshofs und zugleich oberster Gesetzgeber ist, dessen jeder Ausspruch eine gültige Rechtsnorm ist, die Arbeit des Gerichts unzulässig beeinflussen, ja eigentlich unmöglich machen würde.

Das schriftliche Zeugnis Mose, des Autors der einschlägigen Bücher der Bibel, konnte nicht zugelassen werden; denn Moses sagte aus, was er selbst nicht gesehen, sondern nur von Dritten erfahren hatte.

So blieb dem Gericht nichts übrig, als Kain mangels Beweise freizusprechen. Dadurch entledigte es sich auch der Pflicht, die übrigen strittigen Probleme zu klären.

Die Frage also, ob die Menschen einander deshalb morden und morden werden, weil sie als Nachkommen Kains durch Gott dazu verurteilt sind, oder ob sie einander umbringen und umbringen werden, ohne dazu verurteilt zu sein, bleibt weiter offen.

Waffen bringen uns näher

Der Waffenhandel ist ein äußerst menschenfreundliches Gewerbe, mit einem leichten Hang zum Idealismus und zur Weltverbesserung.

Im privaten Leben pflegen selbst gute und sanfte Menschen zwischen Freund und Feind zu unterscheiden, Waffenhändler dagegen bemühen sich, solche diskriminierenden Unterschiede nicht zu machen. Sie verkaufen an Feinde oder potentielle Feinde genausogern wie an Freunde, abgesehen von einigen wenigen Situationen – zum Beispiel während direkter Kriegshandlungen –, wenn es umständlich wird, an Feinde Waffen zu liefern. Aber auch da schafft man es bei einigem guten Willen.

Vielleicht liefern sie sogar lieber an Feinde, denn Freunde benehmen sich manchmal unverschämt – wenn sie versuchen, beim Feilschen um Preise, Liefertermine und Kredite die Freundschaft ins Spiel zu bringen.

Wenn man also die seltenen Heiligen dieser Welt nicht rechnet, sind Waffenhändler, private wie staatliche, die einzigen, die das Gebot erfüllen, unsere Feinde mehr als uns selbst zu lieben.

Wir schlichte Steuerzahler wundern uns manchmal und meckern darüber, was aber nur unseren Unverstand beweist. Erstens fällt es in der Politik sehr schwer zu unterscheiden, wer Feind, wer Freund ist und, besonders, wer dieses oder jenes werden kann. Aber selbst wenn man das immer genau wüßte – warum soll ein großer Waffenproduzent nicht an potentielle Feinde liefern? Einem kleinen Waffenhändler kann es passieren, daß einer zu ihm kommt, eine Pistole kauft und den Händler sofort erschießt. Das ist das Risiko dieses Berufs. Bei einem großen ist es jedoch höchst unwahrscheinlich, daß die Bombe, die er verkaufte, ausgerechnet sein Haus trifft und das noch zur Zeit, in der er zu Hause ist.

Waffenhandel en gros ist keine rein private Sache. Die Transaktionen müssen von Regierungen gebilligt werden. Erst wenn eine Regierung ihre Genehmigung verweigert, kommt das Geschäft auch ohne die Genehmigung zustande, was aber unnötige Umwege verursacht. Dies ist für alle Beteiligten unangenehm, deshalb ist es von Vorteil, wenn die Regierung offiziell nichts weiß und somit nicht offen Stellung nehmen muß.

Sieht man von der absoluten Zahlungsunfähigkeit des Käufers ab – und davon sieht man im Waffengeschäft oft ab –, gibt es für eine Regierung nur wenig Gründe, Waffenverkäufe zu unterbinden. Sentimentale, abstrakt humane Erwägungen sind keine politisch oder ökonomisch überzeugenden Argumente.

Versuchen wir zu analysieren, welche Arten von Waffenkäufern es gibt.

Zuerst die Freunde und Verbündeten. Sie mit Waffen zu beliefern ist nicht so wichtig. Es sind Freunde, und sie werden es bleiben, auch wenn man ihnen nichts gibt. Außerdem, Verbündete zu stärken ist riskant, sie könnten dann eine größere Rolle im Bündnis spielen wollen. Es ist auch moralisch nicht sehr verdienstvoll, denn es steht nirgendwo geschrieben »Liebe deine Freunde!« Ein Staat, der seine Verbündeten ausrüstet, kann in den Verdacht geraten, er wünsche den Krieg. Wer dagegen seinen potentiellen Feinden Waffen anbietet, beweist, daß er den Krieg nicht will und nicht erwartet.

Die Schwachen unter den potentiellen Feinden mit Waffen zu beliefern ist kein Risiko. Rüstungsausgaben schwächen sie noch mehr. Noch weniger riskant ist es, Waffen an die Starken zu verkaufen – sie sind ja auch so stärker als wir, die zusätzlichen Waffen sind nur ein zusätzlicher Ballast. Und der Verkauf von Waffen unterstützt unsere eigene Rüstung, verbilligt die Serienproduktion, bringt Gewinn . . . Ist es nicht schön, mit Hilfe des Feindes die eigene Armee zu stärken?

Unsere Lieferbereitschaft und die Qualität unserer Waffen kann den einen oder anderen Feind davon überzeugen, daß wir liebe und tüchtige Menschen sind. Dies kann einen positiven Einfluß auf sein Verhalten haben für den Fall, daß er doch einmal unser Land überfallen sollte. Vielleicht kann er sogar auf den Überfall verzichten, wenn er sieht, daß er auch so alles bekommen kann, was er will. Das Letztgenannte ist übrigens die grundlegende Überlegung bei vielen politischen Entscheidungen.

Für uns kleine Menschen ist das Waffengeschäft heute zu groß geworden. Früher haben auch die Kleinen mitgemischt, zum Beispiel im Dreißigjährigen Krieg, als einfache Soldaten beider Seiten nach der Schlacht die Beute tauschten, auch erbeutete Waffen. Heute bleibt den einfachen Menschen nur das Gefühl der Dankbarkeit, daß Regierungen und Waffenproduzenten für ihn sorgen; und die Hoffnung, daß – wenn er einmal getötet wird, dann durch eine perfekte, zuverlässige Waffe aus heimischer Produktion. Denn ganz ohne Waffen geht es nicht: Für uns Zivilisationsschwächlinge wäre ein mit Fäusten und Zähnen ausgetragener Krieg zu brutal. Die Waffen bringen uns näher, denn Leute, die gelernt haben, mit den gleichen Waffen umzugehen, um aufeinander zu schießen, haben doch etwas Gemeinsames. Und nicht nur das: Wenn eine Bombe an der richtigen Stelle explodiert, liegen ehemalige Feinde friedlich nebeneinander und fahren vereint ins Jenseits.

Der Frieden als Form des Krieges

Wir leben im Frieden, und alle, die den Krieg miterlebt haben, wissen es zu schätzen. Oder fast alle.

Man muß in unserer Friedenszeit allerdings sehr aufpassen, um nicht angeschossen oder von einer Grenzmine zerrissen zu werden, nicht mit einem Flugzeug in Gefangenschaft oder per Zufall in ein Frontgebiet zu geraten. Wem das passiert, der hat eben Pech gehabt – denn Krieg ist Krieg.

Pardon, wir reden ja vom Frieden. Je mehr man darüber nachdenkt, desto weniger kann man diese beiden Zustände voneinander unterscheiden. Die Grenze zwischen Krieg und Frieden ist schwer zu finden, die Unterschiede sind höchstens quantitativ. Und keiner hat noch festgestellt, bei wie vielen Toten pro Stunde, pro Quadratmeter, pro tausend Köpfe der Bevölkerung sich Frieden in Krieg verwandelt.

Mathematische Methoden helfen da wenig. Wenn sich zwei kleine Menschenhorden wegen eines Jagdreviers schlugen – war das schon Krieg? Diese zwei Sippen konnten die Hälfte der damaligen Menschheit ausmachen. Und wenn zwei kleine Staaten, insgesamt ein Tausendstel der heutigen Weltbevölkerung, einen Grenzkonflikt mit Waffen austragen – ist das noch Frie-

den? Nach dieser Zahlenlogik wäre heute ein Krieg, an dem sich fünfzig bis sechzig Millionen Menschen beteiligen, noch nicht als richtiger Krieg zu werten.
So ist es auch. Krieg ist, wenn die ganze Welt brennnt

oder wenn man selbst (sein Land oder sein Volk) unmittelbar betroffen ist. Alles andere ist Frieden.
Ursprünglich wollte ich meinen Beweis theoretisch führen – durch einfache Umkehrung des bekannten Spruchs von Clausewitz, wonach der Krieg eine Fortsetzung der Politik mit anderen Mitteln ist: Der Frieden wäre dann die Fortsetzung des Krieges mit anderen Mitteln. Dann zeigte sich aber, daß ich es schon einmal geschrieben habe (was ich wußte) und daß es Oswald Spengler ebenso, aber viel früher formuliert hat (was ich damals nicht wußte). Vor allem aber zeigte sich, daß dies nicht wahr ist. Clausewitz hat es gar nicht so gesagt, weil er es besser wußte.
Er sagte nämlich: »Der Krieg ist nichts als eine Fortset-

zung des politischen Verkehrs mit Einmischung anderer Mittel, um damit zugleich zu behaupten, daß dieser politische Verkehr durch den Krieg selbst nicht aufhört, nicht in etwas anderes verwandelt wird, sondern daß er in seinem Wesen fortbesteht, wie auch die Mittel gestaltet sein mögen, deren er sich bedient.«

Nicht die »anderen Mittel« sind entscheidend. Die Einheit des Kriegsfriedens und Friedenskrieges wird hier viel stärker betont.

Der Frieden ist eine notwendige Phase des Krieges. Nach einiger Zeit intensiver Kriegführung muß man immer die Fronten in Ordnung bringen – oder in eine Neuordnung; man muß die verbrauchten Waffen und Soldaten ersetzen, Vorräte erneuern und so weiter.

Durch die technische Entwicklung werden die Phasen des offenen Krieges wahrscheinlich immer kürzer, somit die Friedensphasen relativ länger. Werden sie aber auch absolut länger? Eigentlich müßte es so sein. Es dauert genauso lange wie früher, bis neue Soldaten nachwachsen, die Ausbildung von Spezialisten dauert aber heute länger; unheimliche Mengen von Kriegsmaterial müssen produziert werden; die kleinen Staaten dürfen nicht selbständig handeln, die großen haben voreinander Angst...

Dies gilt jedoch nur für den als Krieg anerkannten »richtigen« Krieg, nicht für die alltäglichen Kriege der Friedenszeit. Da die Rüstung der Großen in ihrem Wettrennen schnell altert und da man die neuen Waffen in der Praxis testen muß, werden die Pausen zwischen den kleinen Friedenskriegen immer kürzer, bis sie ganz verschwinden.

Man erledigt jetzt auch im Frieden Dinge, die man

früher nur in den heißesten Kriegsphasen erledigen konnte: Territorien wechseln den Besitzer, Kolonien und Einflußsphären werden den Konkurrenten per »Befreiung« und »Unabhängigkeit« weggeschnappt, Ergebnisse gewonnener Schlachten werden ein paar Jahre später auf trockenem Weg wegdiskutiert.

Der Frieden wird so intensiv geführt, daß er entweder unbemerkt in den großen Krieg übergeht, oder er wird diesen Krieg überflüssig machen – mangels verbliebener Masse potentieller Kriegsbeteiligter.

Vorwärts in den Leerlauf!

Charles Austin aus Manchester hat für die Autos mit automatischer Kupplung ein Pedal erfunden, das keinen anderen Zweck hat, als den frei gewordenen linken Fuß zu beschäftigen, ohne daß er dabei etwas bewirkt.

Das ist keine besonders wichtige Nachricht, aber sie ist symptomatisch. Überall entfaltet sich unsere hochentwickelte Zivilisation in diese Richtung. Erst konstruiert man die automatische Kupplung, um den linken Fuß von wirklicher Arbeit zu befreien, und dann erfindet man irgendein Ding, um denselben Fuß wieder zu beschäftigen. Erst verkürzt man die Arbeitszeit, und dann sucht man mühsam mühsame Freizeitbeschäftigung. Erst erfindet man Religionen, Ideologien, Losungen und Regierungen, die den Menschen das Denken abnehmen, und dann erfindet man Illustrierte, Fernsehen, Filme und Shows, um die arbeitslos gewordenen Köpfe auf irgendeine Weise zu beschäftigen. Erst schafft man die physische Arbeit ab, und dann erfindet man den Massensport: Anstatt mit einem Brief von Stadt zu Stadt zu laufen, läuft man in einem Stadion; anstatt im Stadion zu laufen, übt man Laufen im Keller auf einem Laufband. Devise: »Weg mit der zweckvollen Anstrengung – es lebe die Anstrengung ohne Zweck.«

Das Beispiel mit dem linken Fuß der Autofahrer trifft genau: Das Schwindelpedal war notwendig, weil die Leute nicht wußten, was sie mit dem Fuß anfangen sollten. Genauso verfährt die Menschheit überhaupt: Sie befreit sich immerzu von etwas und weiß dann nicht, was sie mit sich anfangen soll.

Natürlich wurde das Pedal nicht erfunden, um das Prestige des linken Fußes zu retten; wahrscheinlich gibt es auch eine biologische Begründung: Muskeln und Nerven, die nicht benutzt werden, verfallen der Atrophie, und die Autofahrer benutzen ihre Beine sowieso viel zu wenig. Aber auch andere Organe werden immer weniger beschäftigt. Die Hände eines Beamten können sich nicht so prächtig entwickeln wie die eines Tischlers, und wenn die Bücher durch elektronische Tonspeicher ersetzt werden, wird man auch die Augen schonen.

Diese Entwicklung könnte ihre guten Seiten haben. Sie könnte mehr Kräfte des Organismus für das Gehirn frei machen. Doch das ist fraglich – die Atrophie der äußeren Organe wird zur Atrophie ihrer Zentren im Gehirn führen.

Die wachsende gesellschaftliche Manipulation macht das menschliche Gehirn ohnehin fast überflüssig. Es scheint, daß die einzigen Organe, die von der Zivilisation profitieren, die Geschlechtsorgane sind. Es sind ja auch die Organe, die für den Selbstzweck, für die Arbeit im Leerlauf am besten geeignet sind. Die Intensivierung des sexuellen Lebens, oder vielmehr die wachsende Aufmerksamkeit für den Sexus, ist eine Abwehr des Organismus und der Gesellschaft. Es ist die einzige Antwort auf den Funktionsverlust, den die zivilisierte Menschheit den Bewegungs- wie den Sinnesorganen gibt. Damit haben auch die Moralisten keine Chancen mehr.

Dies ist keine Aufforderung, zum Naturleben zurückzukehren. Es ist nur der Versuch zu beweisen, daß die technische Revolution wie alle Revolutionen ist: Sie kann den Menschen (von der Last der physischen Arbeit) befreien, aber sie kann ihm nicht zeigen, was er mit seiner Freiheit anfangen soll.

Allmächtige Wissenschaft

Jedes Jahrhundert hat seinen Glauben – der Gott unserer Zeit heißt »Wissenschaft«. Man glaubt an die Wissenschaft und an alles, was sich als Wissenschaft darstellt. Man behauptet zwar, daß man sich von Beweisen überzeugen lasse, in Wirklichkeit glaubt man jedoch aufs Wort, wenn das Wort nur entsprechend »wissenschaftlich« formuliert ist – wer vermag schon, die Beweise nachzuprüfen? Die einzigen, die nicht so leicht an wissenschaftliche Offenbarungen glauben, sind die Wissenschaftler; aber das war doch bei Priestern anderer Götter auch schon der Fall.

Man glaubt an nichts, was keine wissenschaftliche Bestätigung besitzt. Selbst die eigene Existenz muß man mit Mitteln der historischen Wissenschaft – mit Dokumenten – beweisen. Wer sich mit keinem Dokument ausweisen kann, existiert nicht, soll er auch tausendmal mit dem eigenen Finger auf den eigenen Körper zeigen; solch ein unwissenschaftliches Argument nimmt niemand an.

So haben die Wissenschaftler viel Arbeit, weil sie auch Dinge, die selbstverständlich und aus einfacher menschlicher Erfahrung klar sind, erforschen und bezeugen müssen. Als ich vor Jahren in Prag noch als Simultandolmetscher tätig war, habe ich auf wissenschaftlichen Veranstaltungen solche Arbeiten übersetzt, zum Beispiel den Beitrag einer Gruppe von jungen Ärzten. Sie hatten nach langem Forschen bewiesen, daß es medizinisch sinnvoll sei, in der Schulpause die Fenster zu öffnen. Oder: Ein Ingenieur bewies in einer genauen mathematischen Arbeit, daß es ungünstig sei, in ein Kugellager Sand zu schütten.

Damals glaubte ich, daß so was nur in einem sozialistischen Land möglich sei, in dem der Staat die gesamte Forschung bezahlt. Doch dann habe ich einen einstündigen Vortrag eines Mitglieds der Royal Society of Medicine, eines Lords, gehört: Er bewies wissenschaftlich überzeugend, daß eine gute Betriebskantine nicht nur schmackhaftes Essen, sondern auch ein angenehmes und ästhetisches Milieu bieten müsse.

Und jetzt liegt auf meinem Tisch ein Opus mit dem hochwissenschaftlichen Titel »Bedeutungsanalyse des Begriffs ›Teenager‹. Ergebnisse einer Repräsentativbefragung«. Da das ohne Zweifel eine von Tausenden ähnlicher, von Privatfirmen bezahlter Forschungsarbeiten ist, ist es für mich der wissenschaftliche Beweis, daß auch Privatleute gern Geld ausgeben, um sich ihre private Vermutung wissenschaftlich bestätigen zu lassen, daß fast hundert Prozent der Menschen im Alter von über drei Jahren (mit Ausnahme von 0,X Prozent Blinden und Farbblinden) die weiße Farbe als weiße rezipieren.

Welche Informationen hat das Wissenschaftlerteam aus den tausend Männern und Frauen zwischen sechzehn und fünfzig Jahren herausbefördert?

Sehr erfreulich ist – vor allem für die Massenmedien, die sich seit Jahren bemühen, diesen Begriff durchzu-

setzen –, daß der Begriff »Teenager« hundertprozentig bekannt ist. Die Handelsleute müssen das aber wohl schon früher gewußt haben, sonst hätten sie ihn nicht auf den Markt gebracht. Von Nutzen kann für den Handel auch der Schluß sein, daß »achtundsechzig Prozent der Befragten bei ›Teenager‹ vor allem an weibliche Jugendliche denken« und daß »Männer... häufiger meinen, der ›Teenager‹ sei sexy«.
Das hätte man allerdings auch schon durch die gänzlich unwissenschaftliche Lebenserfahrung erfahren können: daß es viel mehr Männerjahrgänge gibt, die ein achtzehnjähriges Mädchen, als Frauenjahrgänge, die einen achtzehnjährigen Jungen attraktiv finden. Es freut mich auch, daß die sonst schon seit den altägyptischen Papyri bekannte Erfahrung, »mit zunehmendem Alter ordnen die Interviewten dem ›Teenager‹ verstärkt negativ wertende Eigenschaften zu«, damit endlich wissenschaftlich bestätigt worden ist.
Für mich persönlich – wahrscheinlich viel weniger für den Kommerz – ist die Tabelle 5a interessant, die zeigt, welche Eigenschaften man den Teenagern zumutet. Mit Hilfe eines kleinen Computers kann ich mir ausrechnen, welche Chance ich habe, eine heitere (58 Prozent), sexy (49 Prozent), aufgeschlossene (39 Prozent), intelligente (15 Prozent) und vor allem hilfsbereite (14 Prozent) »weibliche Jugendliche« zu finden.
Da offenbar ein großer Bedarf an solchen Forschungen besteht und da ich bei mir selbst einen dringenden Bedarf an Geld festgestellt habe (ich kann das wissenschaftlich-statistisch beweisen), möchte ich mich in diese Arbeit einschalten: Ich kann jeden Auftrag schnell und billig ausführen, weil ich ohne soziologische, psy-

chologische, politologische, futurologische und kybernetische Mitarbeiter und ohne mühsame Befragungen arbeiten werde. Dezente, seriös und angenehm wirkende Prozentzahlen garantiert! Hochwissenschaftliche Stilisierung mit dem Weltniveau entsprechenden Prozentsatz an Fremdwörtern!

Meine erste Arbeit mit dem Titel »Auswertung der Einstellung verschiedener Alterskategorien der städtischen Bevölkerung zum Problem des Nasenbohrens mit Hilfe moderner Bohrgeräte vom medizinischen, technischen, ökonomischen und ästhetischen Standpunkt und aus der Perspektive der Bohrmaschinenindustrieentwicklung« ist bereits fertig. Ich muß nur noch die Zahlen eintragen, je nachdem, ob ich die Bestellung von einer Elektrogerätefirma, einem Handwerkerverband oder einer pädagogischen Institution bekomme.

Einführung in die Eiologie

Das Thema dieser Studie, meine Damen und Herren, ist die Einführung in die Eiologie. Diese darf keineswegs mit der einfachen Eikunde verwechselt werden. Jene beschäftigt sich mit dem Ei als Ware oder Nahrungsmittel, uns geht es jedoch um das Ei an sich, oder, wie der Philosoph sagen würde, um das Ei als Idee. Die Eiologie ist eine eigenartige, eigenwillige und sehr eierköpfische Wissenschaft.

Wir wollen, wie die alten Römer zu sagen pflegten, *ab ovo* anfangen, was »vom Ei« heißt und bedeutet »vom Anfang an«. Somit sind wir bei dem alten Problem, was war früher da – das Ei oder die Henne?

Eiologisch gesehen, ist dies überhaupt kein Problem. Die Materialisten unter den Eiologen wissen, daß so ziemlich alles Leben aus dem Ei kommt. Die idealistischen Eiologen hingegen, die von der biblischen Schöpfungsgeschichte ausgehen, würden es nicht wagen, den Allmächtigen zu verdächtigen, daß Er sich mit der Schöpfung eines Huhns aufgehalten hätte, wo Er doch Eier schaffen konnte, die viel billiger in der Produktion sind und eine vollkommene Form besitzen. (Man bedenke, wie schrecklich das Leben der Hühner wäre, hätten die Eier die Form eines Würfels – darauf hat vor Jahrzehnten ein polnischer Dichter aufmerksam gemacht.)

Außerdem, die Römer, die alles ab ovo gründlich untersuchten, mußten herausgefunden haben, daß das Ei früher da war – sonst hätten sie den Anfang beim Huhn festgelegt und statt »ab ovo« »ab gallina« gesagt.
Wie man sieht, kann man jedes Problem leicht lösen, wenn man die richtige wissenschaftliche Methode anwendet. Die richtige Methode ist eben das Ei des Kolumbus. (Um Mißverständnisse auszuräumen, muß man daran erinnern, daß es sich damals selbstverständlich um ein Hühnerei aus dem Besitz von Kolumbus handelte.) Als man bei einem Gelage Kolumbus sagte, daß seine Entdeckungen naheliegend waren und jeder sie hätte machen können, bat er die Herren zu versuchen, auf einem glatten Tisch ein Ei aufrecht zu stellen. Niemand schaffte es – Kolumbus aber drückte die Spitze ein, und das Ei stand. Das hätten die anderen auch tun können, er aber hat es getan. Gewußt wie.
Das Ei spielte seit jeher eine große Rolle als Symbol des Urlebens. In vielen Mythen entstand die Welt aus einem Ei, Götter schlüpften aus Eiern und so weiter.
Meines Erachtens ist es auch ein Symbol der Zukunft der Menschheit, denn die Revolutionäre und die Genetiker versuchen – auf gesonderten Wegen – eine Gesellschaft zu schaffen, in der sich die Menschen wie ein Ei dem anderen gleichen werden. Diese Zukunft begann schon in den Käfigen der Massenhaltung – der Hühner und der Menschen.
Ob die *eggheads*, die Eierköpfe, die dieser künftigen Gesellschaft aus dem Ei zu schlüpfen helfen, auch einen Platz in ihr finden, ist zu bezweifeln. Ihre intellektuellen Köpfe sind zwar oben verengt, neigen jedoch allzusehr zum Denken.

Die Menschen haben früher den Eiern verschiedene magische Eigenschaften zugeschrieben – heilende, glückbringende –, gegessen haben sie sie aber immer. Wenn es um das Essen ging, setzten sich die Menschen über die Märchen, die sie sich ausgedacht hatten, hinweg. Der Hunger, oder auch nur der Appetit, ist die letzte Quelle des gesunden Menschenverstandes.
Man soll nicht unbedingt die Vorstellung des Eis mit der unreifen Jugend verbinden. Der Volksmund klagt darüber, daß das Ei klüger sein will als die Henne. Dies ist ärgerlich, aber vorübergehend. Jedes gesunde Ei entwickelt sich mal zum Huhn oder Hahn. Und die nicht befruchteten, die sich nicht entwickeln, werden zu faulen Eiern, die immer noch Verwendung im politischen Leben finden.

Die Referate stören

Ich habe eine Menge wissenschaftlicher Kongresse absolviert, da ich in jüngeren Jahren als Simultandolmetscher für Russisch, Polnisch und Tschechisch Geld verdient habe. Simultandolmetscher, das sind jene Leute, die in Glaskabinen sitzen und die Referate genauso schnell in einer anderen Sprache wiedergeben müssen, wie sie der Vortragende spricht, obwohl sie meist noch weniger von der Sache verstehen als die Fachleute selber, zumindest am Anfang der Tagung; sie hetzen von einer juristischen Konferenz zu einer medizinischen, von einem Kongreß über Potenzprobleme der Maikäfer zu einem über nebelhafte Erscheinungen im Andromedanebel.

Jetzt arbeite ich zwar nicht mehr als Dolmetscher, werde jedoch ab und zu zu Kongressen eingeladen, wenn es sich um Literatur, Humor oder Osteuropa handelt, als sozusagen würdeloser Laienfachmann, da ich kein Träger wissenschaftlicher Würden bin. Ich fahre gerne zu dem einen oder anderen Kongreß. Man kann da zwar selten etwas Interessantes über das eigene Arbeitsgebiet erfahren, man trifft aber manchmal interessante Menschen.

Was mich bei Tagungen stört, sind die Referate. Jeder Kongreß, jede Konferenz, jedes Symposium und jedes

Kolloquium ist mit Vorträgen vollgestopft; da es für die Vortragenden Zeitbeschränkungen gibt, versuchen sie immer – sehr zum Leid der Dolmetscher – einen Dreißigminutentext in fünf Minuten oder einen Stundenvortrag in zwanzig Minuten herunterzuleiern.
Die Referate müssen hochwissenschaftliche, am besten gänzlich unverständliche Titel haben, egal, was man dann wirklich sagt. Dies hat rein buchhalterische Gründe: Keine Universität und keine Stiftung würde jemandem die Reise zu einem Kongreß ohne Referate bezahlen; und die wenigen Selbstzahler könnten die Kosten nicht von der Steuer absetzen.
So bleiben die Vorträge als größter Störfaktor bei jeder Tagung bestehen, sie stehlen den Teilnehmern die Zeit, die sie für Gespräche miteinander nutzen könnten. Dabei sind die Referate absolut überflüssig.
Erstens: Jeder Kongreßteilnehmer kann lesen – man muß dies bei Wissenschaftlern voraussetzen, selbst bei Parteidoktoren aus totalitären Ländern. Man könnte also die Referate jedem im voraus zuschicken, und die Kongreßmänner und -frauen könnten dann gut vorbereitet zur Tagung kommen und fruchtbar diskutieren.
Zweitens: Die Erwartung, daß bei einem Kongreß irgendein Einstein eine revolutionäre Theorie verkündet, ist sehr gering – dies kann vielleicht einmal in dreihundert Jahren passieren. Schließlich hat Einstein seine bahnbrechenden Studien zuerst in Fachpublikationen veröffentlicht. (Übrigens, Tagungen, die speziell revolutionären Theorien gewidmet sind – den gesellschaftsrevolutionären –, sind noch langweiliger und blablatischer als die anderen.)
Außerdem muß jeder Referent damit rechnen, daß sich

unter den Teilnehmern des Kongresses höchstens zehn oder zwölf finden, die mit seinem Spezialthema etwas zu tun haben. Die wissen sowieso im voraus, was er sagen wird, und hören nur zu, um Fehler zu entdecken und dann in der Diskussion zu beweisen, daß sie es besser wissen. Alle anderen verstehen seinen Vortrag nicht oder besuchen ihn erst gar nicht.

Seinerzeit in Prag dolmetschte ich bei einem großen und wichtigen Kongreß der Kernphysiker und -chemiker, und zwar in der theoretischen Sektion. Da ich von dem Kern der Sache kein Quant verstehen konnte, kamen mir Zweifel, ob meine Schnellübersetzung ins Russische einen Sinn ergeben hatte, und ich fragte einen russischen Zuhörer danach. »Das kann ich Ihnen nicht sagen«, meinte der Wissenschaftler. »Ich bin Spezialist für langsame Neutronen, und hier war die Rede von schnellen Neutronen. Davon verstehe ich nichts.« Seitdem hatte ich mit meinem Dolmetschergewissen keine Probleme mehr.

Da man Kongresse ohne hochwissenschaftliches Alibi aus oben erwähnten Gründen nicht veranstalten kann, möchte ich einen Vorschlag machen: Man könnte doch eine Tagung als praktisches Seminar mit einem Titel organisieren, wie »Fachinnere und interdisziplinäre wissenschaftliche Kommunikation unter Beeinflussung durch mäßigen Alkoholkonsum« oder »Rolle des Tabakrauchens und Kaffeegenusses bei Fachdiskussionen in geschlossenen Räumen und in freier Natur«. Im Klartext würde das dann ein geselliges Beisammensein bedeuten, von dem die Wissenschaftler und die Wissenschaft viel mehr profitieren könnten als von der Pflicht, einschläfernden Referaten zuzuhören.

Ich manage mich selbst

Als freischaffender Schriftsteller bin ich Unternehmer und Arbeitnehmer zugleich. Ich bin mein eigener Sekretär und Dienstbote, Ideenentwerfer und Gestalter, meine eigene Fremdsprachenkorrespondentin und Tippistin, meine eigene Produktions-, Verkaufs- und Public-Relations-Abteilung. Also bin ich natürlich auch mein eigener Manager. Diese Situation hat gewisse Vorteile, da man sich schlechtere Beziehungen zwischen dem Chef und den Untergebenen vorstellen kann, als ich sie zu mir selbst habe. Zugleich bringt sie aber unzählige Schwierigkeiten.

Erstens bin ich ein schlechter Chef. Ich bin nicht streng und konsequent genug, ich kann nicht befehlen und die Ausführung der Anordnungen kontrollieren. Ich mache lieber die ganze Arbeit selbst, statt sie an mich zu verteilen. Dazu kommt noch, daß ich gewissermaßen mit mir selbst verwandt bin und bei mir selbst Protektion genieße. Man weiß ja, wie es ist, wenn man mit lauter Protektionskindern arbeiten muß.

Genauso, wie ich als Chef nicht energisch genug bin, bin ich als mein eigener Angestellter zu mir frech und grob. Es fehlt nicht an derben Ausdrücken, wenn ich mir einen Arbeitsauftrag ablehne, und wehe mir, wenn ich mich zu hetzen versuche!

Als meine eigene Sekretärin bin ich ziemlich unqualifiziert. Abgesehen davon, daß ich keine repräsentative Figur und keine besonders schönen Beine habe, kann ich nicht mit zehn Fingern tippen, obwohl ich schon über vierzig Jahre Maschine schreibe. Wenn ich etwas abtippen muß, mache ich nicht nur Tippfehler, sondern verändere auch die ganze Geschichte so, daß es ebenso lange dauert, wie eine neue zu verfassen. Das einzige, was zu meinem Gunsten spricht, ist, daß ich einen besseren Kaffee als die meisten Sekretärinnen mache und daß ich nicht die Absicht hege, mich selbst als meinen Chef zu heiraten. Als Sekretärin vergesse ich, mich als Manager an wichtige Termine zu erinnern, und verschwende meine Boß-Zeit dadurch, daß ich es nicht fertigbringe, mich am Telefon zu verleugnen. Das stört oft erheblich meine Produktionstätigkeit.

Als mein eigener Dienstbote bin ich faul und unzuverlässig. Meine Post liegt manchmal drei Tage herum, bis sie expediert wird.

Als mein eigener Ideenlieferant benehme ich mich irrational und unwirtschaftlich. Ich überflute mich mit Projekten, die meine Herstellungskapazität bei weitem übersteigen, zumal ich den produktiven Teil des Betriebs nicht erweitern kann.

Als Einmannproduktionsabteilung bin ich der Kern und zugleich der schwächste Punkt meines Unternehmens. Durch die vielen anderen Aufgaben abgelenkt und überfordert, produziere ich unregelmäßig und nur unter dem Druck der Liefertermine. Durch Nichtstandardisierung der Produktion erschwere ich mir als meiner Verkaufsabteilung die Arbeit und verbaue viele Absatzmöglichkeiten. Als Verkaufsabteilung habe ich – wie es

auch in vielen anderen Betrieben der Fall ist – darunter zu leiden, daß ich als Produzent nicht immer imstande bin, die Termine einzuhalten.
Als mein eigener PR-Mann tauge ich sehr wenig. Aus angeborener Bescheidenheit kann ich in den Anzeigen nicht einmal wahrheitsgemäß schreiben, daß meine Geschichten genial sind, von werbeüblicher Übertreibung schon gar nicht zu reden. Etatschwierigkeiten erlauben mir auch nicht, die schönen Fernsehspots zu bestellen, in denen sich ein sparsam bekleidetes Pärchen am Meeresstrand an meinen Satiren labt, indem es einstimmig »Prima!« und »Klasse!« sagt und sich dann glücklich küßt.
Keine der von mir besetzten Abteilungen meines Unternehmens arbeitet richtig gut. Es ist ja verständlich, da ich mich in keiner Eigenschaft rausschmeißen kann, ich kann mir nicht einmal verbieten, meine Zeit auf aufgabenfremde Tätigkeiten zu verschwenden.
Andererseits habe ich auch in meiner Firma keine Aufstiegsmöglichkeiten, weil alle leitenden Posten von mir besetzt sind. Da hilft keine Protektion.
Als Manager funktioniere ich ganz normal. Ich habe für mich als Angestellten nie Zeit, bin mit mir selten zufrieden, und ich habe schon alle Versuche aufgegeben, mir einen besseren Arbeitsstil beizubringen. Als Unternehmer bin ich recht sozial, ich beteilige meine ganze Besatzung gerecht an dem Gewinn. Der Gewinn ist zwar schäbig, immerhin habe ich mir aber nie den Lohn vorenthalten und nie Pleite gemacht. Ich möchte den Manager sehen, der mit solchen Kräften, wie ich sie zur Verfügung habe, mehr schafft!

Bitte beachten Sie
die folgenden Seiten

Ephraim Kishon

Der seekranke Walfisch
Ullstein Buch 3428

Pardon, wir haben gewonnen
Ullstein Buch 3430

Der quergestreifte Kaugummi
Ullstein Buch 20013

Es war die Lerche
Ullstein Buch 20033

Mein Freund Jossele
Ullstein Buch 20053

Kishon für Kenner
Ullstein Buch 20065

Wenn das Auto Schnupfen hat
Ullstein Buch 20137

Schokolade auf Reisen
Ullstein Buch 20158

Kishons beste Reisegeschichten
Ullstein Buch 20333

Paradies neu zu vermieten
Ullstein Buch 20471

Kishons beste Tiergeschichten
Ullstein Buch 20527

Ullstein

Kein Öl, Moses?
Ullstein Buch 20569

Abraham kann nichts dafür
Ullstein Buch 20723

Beinahe die Wahrheit
Ullstein Buch 20766

Picasso war kein Scharlatan
Ullstein Buch 20898

Im neuen Jahr wird alles anders
Ullstein Buch 20981

Kein Applaus für Podmanitzki
Ullstein Buch 20982

Kishon für Manager
Ullstein Buch 22276

Hausapotheke für Gesunde
Ullstein Buch 22350

Drehn Sie sich um, Frau Lot!
Ullstein Buch 22427

Total verkabelt
Ullstein Buch 22439

Kishons beste Autofahrergeschichten
Ullstein Buch 22451

. . . und die beste Ehefrau von allen
Ullstein Buch 22601

Das große Kishon-Karussell
Ullstein Buch 22752

Undank ist der Welten Lohn
Ullstein Buch 22810

Wie unfair, David!
Ullstein Buch 22837

Arche Noah, Touristenklasse
Ullstein Buch 22968

Das Kamel im Nadelöhr
Ullstein Buch 22996

Der Fuchs im Hühnerstall
Ullstein Buch 23158

Auch die Waschmaschine ist nur ein Mensch / Kishons beste Autofahrergeschichten
Ullstein Buch 23271

Der Hund, der Knöpfe fraß
Ullstein Buch 40012

Kishons beste Familiengeschichten
Ullstein Buch 40095

In Sachen Kain und Abel
Ullstein Buch 40124